SAINT PAULIN

EVESQUE

DE NOLE.

POËME.

Par M.r P E R R A U L T *de l'Academie Françoise.*

A PARIS,

Chez JEAN BAPTISTE COIGNARD,
Imprimeur & Libraire ordinaire du Roy,
ruë saint Jacques, à la Bible d'or.

M. DC. LXXXVI.

AVEC PRIVILEGE DU ROY.

A MESSIRE
JACQUES BENIGNE
BOSSUET,
EVESQUE DE MEAUX,

CONSEILLER DU ROY EN SES
Conseils, cy devant Precepteur de Monseigneur
LE DAUPHIN, premier Aumônier de
Madame LA DAUPHINE.

MONSEIGNEUR,

S'il y a quelque chose dans l'Ouvrage
que je vous envoye, qui soit du goust
de tout le monde, & qui merite une

approbation generale, c'est asseurément
la pensée que j'ay euë de vous le de-
dier. Il passera tout d'une voix que
j'ay en cela rencontré heureusement, &
que la Vie d'un grand Evesque, en qui
l'esprit, l'éloquence, & le sçavoir au
souverain degré, ont esté joints à une
pieté & à un zele incomparables, ne
pouvoit jamais estre mieux adressée. On
en conviendra encore plus unanime-
ment, quand on sçaura que cet Ouvrage vous doit sa naissance, & que vous
en estes la premiere cause. En effet,
MONSEIGNEUR, ce sont
les loüanges qu'il vous plût de donner
à mon Epistre en vers sur la Penitence;
& le desir que vous témoignastes en la
lisant, de voir la Poësie Françoise s'oc-
cuper sur des sujets semblables, qui m'ont
porté à l'entreprendre ; dans la pensée
que mon exemple pourroit peut-estre exciter les Maistres de l'Art à consacrer
leurs veilles à ces sortes d'ouvrages, &

vous donner ainsi une pleine & entiere satisfaction. Quoi qu'il en soit, MONSEIGNEUR, je vous conjure de le recevoir favorablement, & de vouloir bien luy donner quelques momens de ce precieux loisir qui vous délasse quelquefois dans l'aimable solitude de Germini de vos grandes & importantes occupations.

J'ay encore, MONSEIGNEUR, une grace à vous demander, mais comme à celuy dont j'ay l'honneur d'estre Confrere, c'est d'agréer que je vous propose quelques objections de mes Amis, sur le dessein de ce Poëme, & sur le détail de son execution, avec les réponses que ie leur ay faites, afin que, suivant vos justes & souveraines decisions, je sçache ce que j'en dois croire, soit pour me redresser si j'ay failli, soit pour me confirmer dans mes sentimens, s'il se trouve que je ne me sois pas trompé.

On m'a objecté que l'endroit de

l'histoire de saint Paulin, où il est dit
qu'il se rendit esclave en Afrique pour
racheter le fils d'une Veuve, n'est point
estimé veritable par les Sçavans ; &
qu'ainsi je l'ay mal choisi pour estre le
sujet d'un Poëme Chrestien, lequel peut
bien estre de pure invention dans quel-
ques-unes de ses circonstances, mais
non pas dans la substance de l'action,
qui doit estre cruë vraye pour toucher
fortement le cœur, & aller ainsi à la fin
que le Poëte doit s'estre proposée. On a
ajousté que quand mesme cette avanture
seroit receuë de tout le monde, le sujet ne
laisseroit pas d'estre defectueux, parce
qu'il manque de vray-semblance ; n'é-
tant point croyable qu'un saint Evesque, celebre par son attachement aux
fonctions de son ministere, abandonne la
conduite de son Eglise, & se fasse captif pour faire recouvrer la liberté à un
jeune homme. On dit enfin que quand
l'histoire seroit vraye, & vraisembla-

ble tout enſemble , elle ſeroit encore tres-
mal choiſie , parce qu'elle ne peut eſtre
propoſée comme un exemple à imiter.

J'ay répondu qu'on accuſoit à tort
de fauſſeté cet endroit admirable de la
Vie de ſaint Paulin , puis que de toutes les choſes extraordinaires & ſur-
prenantes , mais que nous voyons vrayes,
ſur le témoignage des Auteurs qui en
ont écrit , ou ſur la foy de la Tradition ,
il y en a peu qui porte plus de marques
de verité que celle-là. Elle eſt écrite par
Uranius Auteur irreprochable , qui non
ſeulement vivoit du temps de S. Paulin,
mais qui eſtoit Preſtre de ſon Dioceſe , Baro-
& qui fut preſent à ſa mort. Dans la nius an.
meſme Lettre où il raconte à Pacat ſon 431.5.159.
amy , excellent Poëte de ce temps-là toutes les circonſtances d'une mort ſi precieuſe
aux yeux de Dieu , il luy fait un recit
tres-ample de l'avanture dont il s'agit ,
parce que cet ami luy avoit témoigné qu'il
vouloit compoſer un Poëme à la loüange

de faint Paulin, & qu'Uranius jugea
que cette action pouvoit luy en fournir un
fujet admirable. En effet il feroit difficile
de trouver un fujet plus beau ; & fi mon
Ouvrage ne reüffit pas , je ne m'en pren-
dray point à la matiere que j'ay choific.

    Cent cinquante ans aprés ou environ
Liv. 3.
chap. 1. S. Gregoire le Grand rapporte dans fes
Dialogues cette mcfme avanture de faint
Paulin , prefque dans les mefmes termes
de la lettre d'Uranius ; enforte qu'il femble n'avoir fait autre chofe que de la co-
pier : mais il dit en mefme temps qu'il
l'avoit apprife des Anciens de fon temps ,
aufquels , ajoufte-t'il , il ne pouvoit pas
refufer fa creance. En effet ces Anciens
la tenoient de leurs peres , qui avoient pû
en eftre eux-mefmes les témoins. Il me
femble qu'il n'eft gueres permis de rejetter
des chofes auffi authentiquement atteftées
& par des écrits , & par des traditions ,
& qu'une licence femblable eft d'une
confequence tres-perilleufe.

                                Si

EPISTRE.

Si saint Paulin avoit esté un homme obscur, qui eust passé sa vie dans les deserts de la Thebaïde, & durant ces siecles d'ignorance, où il s'est trouvé des gens qui ont crû rendre service à la Religion par de pieux mensonges, on pourroit croire que par un Zele indiscret & mal éclairé on auroit feint cette avanture, pour donner un modelle merveilleux d'une charité consommée, mais qu'on ait pû inserer une fausseté semblable dans la vie d'un homme, qui a attiré sur luy les yeux & l'admiration de toute la terre, dans le siecle le plus éclairé de l'Eglise : C'est ce qui a mille fois moins de vrai-semblance que l'avanture dont on dispute la verité.

Voicy de quelle sorte en parle le Martyrologe Romain : A Nole, ville de la Campanie se celebre la Feste du bien-heureux Paulin Evesque & Confesseur, qui de tres-noble & tres-riche qu'il estoit se fit pauvre &

Martyr. Rom. 22. Juin.

é

d'une condition vile , pour Jesus-
Chrift , & qui n'ayant plus rien à
luy, que luy-mefme, fe rendit efclave
pour racheter le fils d'une Veuve,
que les Vandales , aprés avoir rava-
gé la Campanie , avoient emmené
captif en Afrique.

Quoyqu'il femble qu'il n'y ait plus rien
à dire aprés une autorité d'un fi grand
poids, j'ajoufteray neanmoins qu'un Efcri-
vain du dernier fiecle, Ambroife Leon na-
tif de Nole rapporte dans la defcription
qu'il fait de cette ville , que la couftume
eftoit encore de fon temps d'y celebrer une
grande fefte le 10. jour de Juin, en memoire de ce qu'en pareil jour faint Paulin
y avoit ramené un grand nombre de ci-
toyens de cette ville, & de plufieurs autres
endroits du mefme Diocefe , qu'il avoit
retirez de l'efclavage. Il ajoufte que cette
Fefte continuoit jufqu'au vingt-deuxié-
me du mefme mois, jour de la mort de
faint Paulin , avec des jeux , des pom-

Lib. 2.de
Nola c.
13.

pes & des spectacles d'une magnificence
extraordinaire. Je demande s'il est possi-
ble qu'une Feste de cette nature s'esta-
blisse & se maintienne pendant plus de
mille ans, sur un conte fait à plaisir,
& sans nul fondement de verité.

Malgré la force & l'évidence de ces
preuves, les Critiques, nation qui aime
naturellement à n'estre pas du sentiment
commun, & qui trouve qu'il y a tout un
autre air d'esprit & de suffisance à douter
des choses les plus receuës, qu'à y ajouster
foy comme les autres, les Critiques, dis-
je, non pas tous à la verité, mais en
assez grand nombre, ont pretendu que
cette Histoire estoit une fiction toute pure, & ont dit pour leurs raisons qu'on
ne peut assigner dans la vie de saint
Paulin le temps auquel il passa dans l'Affrique, ny dire le nom de ce Roy des
Vandales, dont il predit la mort, &
sous le regne duquel il se fit captif. Ils
ajoustent encore que saint Augustin &

saint Jerôme, qui ont fait l'éloge de saint
Paulin dans plusieurs endroits de leurs
ouvrages, & qui ont eu commerce de
lettres avec luy, n'ont point parlé de
cette avanture, qu'ils n'auroient pas ou-
bliée asseurément si elle estoit veritable.

J'avouë, qu'il y a quelque peine à
resoudre ces objections, mais combien y
a-t-il de faits susceptibles des mesmes
difficultez, qui passent neanmoins pour
tres-constans, & qui a jamais mis en
balance des preuves de cette espece, c'est-
à-dire purement negatives avec des preuves positives & irreprochables ? Cependant il est si peu vray qu'on ne puisse
assigner le temps de cette avanture, que
le Pere Chifflet qui paroist avoir fort estu-
dié cette matiere, ne hesite point à la
mettre en l'année 409. ou 410. & Baronius en l'année 428. ou 429. Cette di-
versité d'avis montre à la verité que le
temps de cette avanture n'est pas certain,
mais elle fait voir aussi qu'on n'est pas en

peine de trouver un temps pour la placer comme ils le pretendent. J'ay suivi l'opinion de Baronius, selon laquelle le silence de saint Augustin & de saint Jerôme sur cette action ne sont d'aucune consequence, puisque le premier a cessé d'escrire à saint Paulin dés l'année quatre cens dix-sept, & que l'autre est mort en l'année quatre cens vingt, c'est-à-dire, huit ou dix ans avant que saint Paulin passast en Afrique pour se faire captif.

Pour ce qui regarde la difficulté de sçavoir le nom du Prince Vandale, sous lequel la chose s'est passée, Baronius le nomme Gontaire, & je luy donne le mesme nom, on objecte que ce Gontaire n'estoit pas Roy, mais frere de Genseric alors Roy des Vandales. Qui ne sçait que le nom de Roy, de Duc, de Prince, de Capitaine, & de Seigneur se confondent tres-souvent, sur tout dans des recits familiers, comme le font les Dialogues de saint Gregoire, où il ne s'agit point de

ſçavoir precisément le degré de puiſſance
de ceux dont on parle. Si les Critiques ne
s'accommodent pas de Gontaire, car la
Chronologie de ces temps là eſt fort obſcure, ils peuvent choiſir entre les Vandales quel autre grand Seigneur il leur
plaira, & luy donner le nom de Roy,
ſoit qu'effectivement il ait eſté Roy de
quelque petit Royaume en Afrique, ou
qu'il ne fuſt que Prince ou Capitaine; car
le nom de Roy ne ſe refuſe point dans une
relation familiere pour peu qu'il y ait de
fondement à le donner. La ſeule difficulté
qui reſte en prenant ce party, c'eſt que
ſaint Paulin auroit eu plus de ſoixante
ans, quand il ſe fit eſclave, & qu'un
âge ſi avancé n'eſt gueres propre au travail du jardinage. Mais l'inconvenient
n'eſt pas grand, ſaint Paulin pouvoit
eſtre d'une conſtitution robuſte & ſem-
blable à celle de Maſſiniſſe, qui a quatre-vingt ans, ſautoit ſur un cheval
ſans avantage: on peut croire auſſi que

le Prince Vandale, qui le prit à ſon ſer-
vice, fut plus aiſe de trouver en luy une
profonde connoiſſance des ſecrets de l'a-
griculture jointe à une longue experience,
que beaucoup de force & de vigueur qui
ſe rencontroient abondamment dans les
autres eſclaves, qui travailloient dans
ſes jardins.

Ce qu'on peut conclure de cette diſſer-
tation, c'eſt qu'autant que la ſubſtance
de l'action eſt veritable & aſſeurée, autant les circonſtances en ſont douteuſes &
incertaines, & voila tout ce qui ſe peut
ſouhaitter pour le ſujet d'un Poëme, où il
faut que l'action principale ſoit eſtimée
vraye, afin qu'elle touche davantage, &
où il eſt bon que les circonſtances ſoient
revoquées en doute, afin que le Poëte ait
la liberté d'orner ſon Ouvrage de tous les
incidens agreables, que ſon genie luy peut
fournir, ſans craindre d'eſtre dementi. De
là vient que les actions d'un temps trop
éloigné, ou d'un temps trop proche, ne

font pas propres pour un Poëme, les unes
pour eſtre trop cachées à la connoiſſance des
hommes, & par conſequent regardées
ſouvent comme des fables; qu'on écoute
avec indifference; & les autres pour eſtre
trop connuës dans toutes leurs circonſtances, enſorte que le Poëte n'oſe y rien ajou-
ſter de ſon invention, ſans s'expoſer à
eſtre contredit par une infinité de perſonnes
qui ſçavent certainement le contraire de ce
qu'il a inventé.

Aprés avoir eſtabli la verité de cette
Hiſtoire, il ſembleroit inutile d'en prou-
ver la vray ſemblance, n'eſtoit que comme il y a des choſes vray-ſemblables, qui
ne ſont pas vrayes. Il y en a auſſi de vrayes
qui ne ſont pas vray-ſemblables, & qu'en
matiere de Poëme il vaudroit mieux que
le ſujet manquaſt de verité que de vray-
ſemblance. Quelle apparence, dit-on,
qu'un ſaint Eveſque qui a aimé ſouverai-
nement ſon devoir, abandonne ſon Dioceſe, c'eſt à dire la conduite d'une infinité
d'ames

d'ames, dont il est chargé pour delivrer un seul jeune homme, dont il n'a pas esté en son pouvoir d'empescher le malheur, & pour lequel il luy devoit suffire d'avoir de la compassion; voicy comment Jesus-Christ répond luy-mesme à cette difficulté. Qui est celuy d'entre vous, qui ayant cent Brebis, & en ayant perdu une, ne laisse pas les quatre-vingt dix-neuf dans le desert pour aller aprés celle qui s'est perduë jusqu'à ce qu'il la retrouve. Outre le sens de cette parabole, qui justifie, & qui los ¨mesme l'empressement avec lequel saint Paulin, comme un bon Pasteur, court aprés ce jeune homme, non seulement pour le remettre dans sa Bergerie, mais pour le tirer du danger où il estoit de perdre la foy parmy les Ariens, il ne faut pas douter qu'il n'y ait esté poussé par une secrette & forte inspiration de Dieu, qui vouloit nous donner en luy le modelle d'une parfaite charité, qui vouloit se

S. Luc.
cap. 15.

ī

servir de ce saint Evesque pour rendre
la liberté à tous ceux de son Diocese, &
qui vouloit enfin qu'un homme qui n'as-
piroit qu'à se rendre conforme à Jesus-
Christ, eust dés ce monde la gloire incomparable de l'avoir imité dans le mystere
mesme de la Redemption des hommes,
c'est à-dire qu'ayant pris, comme luy, la
forme d'un esclave, il tirast ses freres
de la captivité, & les remenast en triomphe au sein de la Patrie.

A l'égard de la derniere objection qui
est que l'action de saint Paulin ne peut
estre le sujet d'un Poëme, parce qu'elle ne
peut estre proposée comme un exemple à
imiter. J'ay répondu qu'il est bien vray
que des Evesques ne doivent pas s'éloigner de leurs Eglises pour des sujets frivo-
les, & où la gloire de Dieu & le salut
du prochain n'ont point de part, mais
que quand il s'agit de sauver une ame qui
va perdre la foy, si elle n'est secouruë,
& de servir d'instrument aux desseins

de Dieu, qui veut tirer un Peuple de la
captivité, fur tout lors qu'il intervient
une forte infpiration de fa part, ils doivent fuivre la voix du Ciel qui les appelle, aprés avoir donné les ordres ne-
ceffaires pour la conduite de leur troupeau
pendant les jours de leur abfence, comme
on ne doit pas douter que faint Paulin
n'euft fait avant que de s'engager dans
l'entreprife dont nous parlons. J'ay dit de
plus qu'il n'eft point neceffaire que
l'action d'un Poëme foit de nature à eftre
imitée dans toutes fes circonftances, par
toutes fortes de perfonnes & en toutes
fortes de temps. Les Saints ont fait une
infinité de chofes tres-dignes de loüanges,
dans lefquelles neanmoins il feroit tres-
perilleux de les fuivre faute d'avoir les
mefmes forces & les mefmes infpirations.
Quelques-uns ont efté chercher le martyre
contre le confeil de l'Evangile, qui veut
qu'on le fuye de cité en cité; d'autres fe
font jettez eux-mefmes dans les flammes

qu'on leur preparoit, & ont ainsi avancé
leur mort, ce que ne permet point la se-
verité des regles ordinaires, on ne peut pas
nier cependant que ces prodiges de courage & de magnanimité chrestienne ne
fussent des sujets de Poëme tres-excellens.
L'Eglise les propose tous les jours aux
Fideles, non seulement comme des objets
d'admiration, mais comme des exemples
tres propres à exciter en eux le mépris des
maux de cette vie, & le desir de la felicité
éternelle. Si donc l'Eglise fait ses delices
de chanter ces grandes actions, & d'en
relever la beauté dans ses hymnes &
dans ses cantiques, devons nous craindre
de les celebrer par nos loüanges, & d'en
faire le sujet de nos Poëmes. J'ajousteray
que saint Gregoire le Grand, ce Docteur
admirable de la Morale Chrestienne,
qui propose cette expedition de saint Paulin comme le modelle d'une parfaite charité, m'est un bon garend & une caution
plus que suffisante. Je demeure d'accord

que l'action est extraordinaire & surprenante, mais c'est en cela qu'elle est plus propre pour un Poëme, qui dedaigne les actions communes & triviales, & qui n'embrasse avec plaisir & avec succés que celles qui ont du merveilleux & de l'heroique.

Quelques-uns m'ont fait cette objection, qu'encore qu'il soit vray que Therasie femme de saint Paulin l'ait suivi dans tous ses voyages, & jusques dans le fond des deserts, & lors mesme qu'il estoit Evesque, & qu'il soit aussi tres-constant qu'il n'estoit pas extraordinaire en ces temps-là que des Evesques mariez vécussent encore avec leurs femmes, mais comme avec leurs sœurs ; j'ay eu tort neanmoins de n'avoir pas supprimé cette circonstance, parce, disent-ils, qu'elle est contraire à nos mœurs qui veulent presentement que dés qu'un homme marié s'engage dans les ordres sacrez, sa femme se retire dans un monastere.

J'ay répondu que la regle qui veut qu'on se conforme aux mœurs du siecle où l'on escrit, en supprimant ou déguisant les choses qui y sont contraires, a esté faite, & est tres-bonne pour les pieces de theatre, parce que le peuple, à qui le Poëte doit s'efforcer de plaire, est un peuple malade, & mesme furieux, qui ne veut voir ny entendre que ce qui flatte ses passions, à qui on ne doit pas parler comme on feroit à des hommes bien raisonnables, & dont il est dangereux, si l'on recherche ses applaudissemens, de choquer les prejugez & les inclinations. De là est venu que les Poëtes Grecs n'ont presqu'osé mettre sur le theatre que des Rois malheureux persecutez du Ciel & de la Terre; qu'ils ont coupé par morceaux les enfans de Thyeste, & crevé les yeux à Oedipe pour donner un spectacle agreable à ce Peuple ennemy de la Royauté. Cette complaisance des Poëtes pour leurs spectateurs leur a esté toujours d'une ne -

cessité indispensable, ensorte que je n'o-
serois presque blâmer quelques Auteurs
celebres de nostre temps, lorsque je ne
regarde en eux que le devoir de Poëte
dramatique, d'avoir alteré le caractere
des plus grands Heros de l'antiquité, &
de leur avoir osté cette fierté noble &
hautaine, qui ne leur permettoit de re-
garder l'amour que comme un amusement
frivole, & où ils auroient eu honte
d'estre surpris, pour leur donner une tendresse demesurée, dont le siecle s'est avisé
de faire une qualité heroïque & domi-
nante. Les Dames, qui par elles-mesmes
& par le grand nombre de ceux qui les
suivent, font l'affluence dans le theatre,
ne peuvent souffrir des Heros, s'ils ne
ressemblent à leurs amans, & si ces
Heros ne leur touchent le cœur avec les
mesmes choses tendres & passionnées
qu'elles ont accoustumé d'entendre, ou
qu'elles souhaittent qu'on leur dise.

 Il n'en est pas ainsi des autres Ou-

vrages, où non seulement les personnes
raisonnables n'aiment rien tant que de
trouver la verité, quoique contraire aux
mœurs de nostre siecle, mais où, plus les
évenemens, les coustumes & les usages
sont differens de ce que nous voyons tous
les jours, plus ils sont agreables & donnent de plaisir.

Quelques-uns de mes amis m'ont dit
que ma versification estoit un peu negligée
en quelques endroits, & que souvent mes
expressions ne sont pas assez vives ny assez relevées. Je n'ay point trouvé de ré-
ponse à cette objection, & je suis demeuré
d'accord qu'elle n'estoit que trop juste &
trop veritable. Mais comme je ne pretens
pas que mon Poëme soit sans défauts, &
que ma principale intention a esté d'exciter
par mon exemple les Maistres de l'Art à
travailler sur des sujets semblables à celuy
que je me suis proposé, j'ay cru que les
fautes & les foiblesses qui s'y rencontrent,
les y engageroient encore davantage, en
leur

leur donnant à penser, que si tout foible &
imparfait qu'il est, il se laisse neanmoins
lire (gloire qui n'est pas peu considera-
ble pour un Poëme François) de quelle
beauté & de quel agrément ne sera
pas un ouvrage de leur façon.

Il est vray que les sujets de pieté n'ont +
pas le mesme attrait pour la plûpart du
monde que les sujets prophanes, soit que
la raillerie ou l'amour en soient l'objet,
car toute la Poësie ne traite presque plus
aujourd'hui que de ces deux matieres.
En effet il n'est pas croyable combien la
malignité de la medisance, & plus encore celle du Lecteur font trouver de
goust à un ouvrage, & quelle part elles
ont à la joye qu'il donne, & aux applaudissemens qu'il reçoit. On peut dire
la mesme chose des poësies galantes &
principalement de ces pieces de theatre
tendres & passionnées, où, quelques spi-
rituelles & ingenieuses qu'elles soient,
l'agrément naturel de la matiere, & la

ō

molleſſe des ſpectateurs font plus de la
moitié du plaiſir qu'on prend à les entendre. Cependant j'oſerois aſſeurer que
ſi au lieu de ſe prevaloir de la malice &
de la corruption du cœur de l'homme,
on vouloit avec le meſme ſoin prendre
avantage des ſentimens de droiture &
de religion, qui ne quittent jamais entierement le fond de l'ame, quelque dere-
glée qu'elle puiſſe eſtre, qui ſortent au
dehors lors qu'elle eſt touchée inopinément
par de certains endroits, & qui ont
eſté appellez ſi eloquemment les témoi-
gnages d'une ame naturellement Chre-
ſtienne: J'oſerois, dis-je, aſſeurer que
ſi l'on s'étudioit à reveiller ces ſentimens
que le ſang & la chair tiennent aſſoupis,
mais qu'ils n'éteignent pas, on plairoit,
meſme aux plus corrompus par les charmes invincibles de la vertu & de la
verité : & ce qui eſt encore tres-veri-
table on en recevroit une gloire bien
plus ſolide, bien plus douce & bien plus

tranquille. Pourquoy faut-il que tant
d'excellens genies se laissent renfermer
entierement dans la peinture de quelques
imperfections legeres qu'ils s'efforcent de
rendre ridicules, ou de quelques passions
dangereuses qu'ils taschent d'émouvoir;
que ne se répandent-ils encore plus heureusement dans les loüanges de toutes les
beautez de l'univers, & de toutes les
vertus heroïques des grandes ames, pour
enrendre une gloire immortelle à l'Auteur
de la Nature & de la Grace. Le Ciel, la
Terre, les Enfers, les Anges, les Demons,
& Celuy mesme qui a donné l'estre à
toutes ces choses, peuvent estre le digne
objet de leurs travaux & de leurs veilles; car je ne pretens pas les reduire à
ne faire que des catechismes en vers, ou
de pieuses meditations, quoiqu'on ne puisse
trop loüer ceux qui consacrent leurs plu-
mes à des instructions aussi utiles & aussi
necessaires. Il suffit que la gloire de
Dieu soit le but principal de tout l'ou-

vrage , & qu'il s'y mesle de temps en
temps de certains traits de picté qui
frappent le cœur & qui l'emeuvent. Et
en effet comme ce ne sont pas toujours
les pieces de poesie les plus dissoluës qui
corrompent davantage les mœurs , soit
parce qu'on est en garde contre le poison
qu'elles presentent à découvert, ou qu'il
n'y ait que ceux qui sont déja corrompus qui les lisent : mais que bien souvent
celles qui renferment le mesme poison sous
des expressions chastes & innocentes , sont
beaucoup plus à craindre ; Il se peut faire
aussi que des ouvrages de poesie , où parmi le recit de plusieurs evenemens purement humains , & la description des
choses de la nature , on aura inseré quelques sentimens de pieté tendres & tou-
chans , frapperont quelquefois davantage , & feront en leur temps plus d'effet
qu'un tissu perpetuel de reflexions mo-
rales & pieuses : semblables en cela à
la pluspart des graines que nous semons ,

EPISTRE.

qui ont une infinité d'écorces & d'en-
velopes superfluës en apparence, mais
dont le germe qu'elles cachent & qui
les rend fecondes est presque imperceptible.
Voila, MONSEIGNEUR, ce
que j'ay fait pour concourir au desir que
vous avez de voir la Poësie Françoise
dignement occupée, & pour vous donner des marques du zele respectueux
avec lequel je suis,

MONSEIGNEUR,

Vostre tres-humble & tres-obeissant
serviteur PERRAULT,

LE sujet de ce Poëme est tiré des ouvrages de saint Gregoire le Grand, qui dans le troisième livre de ses Dialogues raconte une action tres-memorable de Saint Paulin en la maniere qui suit.

Du temps que l'Italie fut ravagée par les Vandales du costé de la Campanie, & que plusieurs habitans de cette Province furent emmenez captifs en Afrique, Paulin homme selon le cœur de Dieu donna à ces captifs & aux autres pauvres tout ce qu'un Evêque comme luy pouvoit posseder. Lorsqu'il n'avoit plus rien pour continuër ses aumônes, une Veuve le vint trouver, & luy dit que son fils avoit esté emmené captif par le Gendre du Roy des Vandales, & qu'elle le supplioit de ne luy pas refuser l'argent dont elle avoit besoin pour le racheter. L'homme de Dieu cherchant par tout avec grand soin de quoy assister cette pauvre Veuve, ne trouva rien chez luy, que luy-mesme, & luy dit, je n'ay rien presentement pour vous donner, mais prenez-moy en vostre possession, dites que je suis vostre esclave, & vous me donnerez en eschange pour vostre fils. La Veuve

« Greg.
« Mag.
« lib. 3.
« Dial.
« cap. I.
«
«
«
«
«
«
«
«
«
«
«
«
«
«
«
«
«
«
«
«

» ayant oüy une telle refponfe d'un hom-
» me de cette importance, la prit pour une
» raillerie, & non point pour un effet de
» fa compaffion ; mais comme Paulin eftoit
» tres-éloquent, & qu'il excelloit plus que
» perfonne du monde dans la connoiffance
» des belles lettres, il vint aifement à bout
» de luy perfuader qu'elle pouvoit ajoufter
» foy à fes paroles, & fe faire un efclave
» d'un Evefque, pour mettre fon fils en li-
» berté. Ils allerent donc tous deux en
» Afrique, & la Veuve s'eftant prefentée
» au Gendre du Roy qui paffoit, elle le
» fupplia de luy vouloir rendre fon fils. Le
» Barbare fuperbe, enflé par la profperité
» & par l'abondance des biens paffagers de
» ce monde, non feulement ne luy accorda
» point fa demande, mais mefme ne daigna
» prefque pas l'efcouter. Voila, pourfui-
» vit-elle un homme que je donneray en fa
» place, rendez-moy par grace & par pitié
» le feul fils qui me refte. Le Barbare ayant
» jetté les yeux fur l'homme qu'elle luy pre-
» fentoit, & l'ayant trouvé de bonne mine
» luy demanda quel meftier il fçavoit. Je ne
» fçay aucun meftier, luy répondit Paulin,
» mais je fçay l'art de cultiver des jardins,
» ce que le Prince ayant appris avec plaifir,

il

il accepta l'efchange , & auffi-toft la Veu- «
ve s'en retourna chez elle avec fon fils , «
& Paulin fut mené dans les Jardins du «
Prince pour en avoir foin. «

Comme le Prince alloit fouvent dans «
ces Jardins pour s'y promener, & qu'ayant «
fait diverfes queftions à fon nouveau Jardi- «
nier, il le reconnut pour un homme tres- «
fage & de tres-bon efprit , il commença «
à ne plus voir fi fouvent fes amis les plus «
familiers, paffant le temps à s'entretenir «
avec luy , & prenant un extrême plaifir «
à l'entendre parler. Paulin ne manquoit «
point de luy porter tous les jours à fa ta- «
ble toutes fortes de legumes & de falades, «
& après avoir receu le pain qu'il luy fal- «
loit pour fa nourriture , s'en retournoit à «
fon travail. «

Un temps affez confiderable s'eftant «
écoulé en vivant de la forte : Il arriva «
un jour que fon Maiftre s'entretenant «
avec luy plus particulierement & dans un «
plus grand fecret qu'à l'ordinaire, Paulin «
luy dit: Voyez,Seigneur,ce que vous avez «
à faire & quel ordre vous croyez qu'il y «
ait à mettre aux chofes qui regardent le «
Royaume des Vandales, car affeurement «
le Roy mourra dans tres-peu de jours. Le «

ú

» Prince ayant oüy cela, ne voulut point en
» faire un fecret au Roy, dont il eftoit aimé
» plus que nulle autre perfonne de la Cour,
» mais crut devoir luy raconter fidellement
» ce que fon Jardinier homme de bon fens
» luy avoit dit. Je ferois bien aife, luy répon-
» dit le Roy aprés l'avoir efcouté, de voir
» cet homme dont vous me parlez. Il m'a-
» porte tous les jours à mon difner, reprit
» le Gendre du Roy, des fruits, des fala-
» des & autres chofes femblables, vous n'a-
» vez qu'à ordonner qu'il les porte à voftre
» table, & vous verrez l'homme qui m'a dit
» ce que je viens de vous raconter. Cela fut
» fait, & le Roy eftant à table, Paulin ar-
» rive apportant des fruits & des falades du
» jardin de fon maiftre. Le Roy ne l'eut
» pas pluftoft apperceu qu'il luy prit un
» grand tremblement & qu'il fit appeller
» fon Gendre le maiftre de Paulin, & luy de-
» clara ce qu'il n'avoit pas encore voulu luy
» dire. Ce que vous avez entendu, luy dit-
» il, eft veritable ; car cette nuit j'ay veu,
» durant mon fommeil, des Juges affis dans
» des tribunaux, vis-à-vis de moy, entre
» lefquels eftoit cet homme, & il m'a femblé
» qu'enfuite du Jugement qu'ils ont rendu
» contre moy, on m'a ofté des verges que

je tenois, & qui m'avoient esté mises au- «
trefois entre les mains. Sçachez donc qui «
est ce Jardinier ; car je ne puis croire que «
cet homme soit, comme il le paroît, un «
homme ordinaire & du commun. «

Le Gendre du Roy prit alors Paulin en «
particulier, & luy demanda qui il estoit. «
Je suis vostre esclave, luy répondit l'hom- «
me de Dieu, celuy que vous avez pris «
en la place du fils d'une veuve. Mais com- «
me il le pressa fortement de luy declarer, «
non pas ce qu'il estoit presentement, mais «
ce qu'il avoit esté dans son païs : aprés «
qu'il l'eut questionné long-temps sur ce «
sujet, l'homme de Dieu, pressé par les «
fortes instances du Prince, qui le conju- «
roit de se declarer, & ne pouvant luy ca- «
cher plus long-temps sa condition, luy «
avoüa qu'il estoit Evesque. Le Maistre fut «
saisi de crainte, ayant oüy cette declara- «
tion, & luy dit avec soûmission & en s'hu- «
miliant : Demandez-moy tout ce que «
vous voudrez, afin que vous vous en re- «
tourniez chez vous avec un present con- «
siderable. A quoy l'homme de Dieu luy «
répondit, vous pouvez me faire une grace «
qui me sera tres-precieuse, qui est de ren- «
dre la liberté à tous les esclaves de ma «

» Ville. On les envoya auffi-toft chercher
» par toute l'Afrique , & aprés les avoir
» rendu libres, on les renvoya avec luy dans
» leur païs , fur des Vaiffeaux chargez de
» bled , qu'il leur donna , au grand conten-
» tement du venerable Paulin.

» Peu de jours aprés, le Roy des Van-
» dales mourut , & quitta les verges qu'il
» avoit tenuës , fuivant la volonté de
» Dieu, & pour fa perte & pour la corre-
» ction des fidelles : ainfi il fe trouva que
» Paulin le ferviteur du Dieu tout puiffant
» avoit predit la verité, & qu'aprés s'eftre
» livré feul pour eftre efclave , il paffa avec
» plufieurs autres de l'efclavage à la liberté,
» ayant imité celuy qui a pris la forme
» d'efclave, afin que nous ne fuffions pas
» efclaves du peché.

SAINT

S. le Clerc f.

SAINT PAULIN.

POËME.

PREMIER CHANT.

OBJET de nostre amour , Redempteur adorable,
Qui pour rompre les fers de l'homme miserable,
As subi de la mort les rigoureuses loix ,
Anime de ta grace , & mon cœur & ma voix.

 J'entreprens de chanter le courage & le zele
Du genereux P A U L I N , des Pasteurs le modelle,
Qui plein d'un saint amour & d'une vive foy
Prit d'un esclave vil la forme comme toy ,

A

Qui bravant les Demons ſes cruels adverſaires ,
Fut comme toy , Seigneur , le ſauveur de ſes freres
Qu'avec l'heureux ſecours que le Ciel luy donna ,
Libres à leur patrie en pompe il remena.
On verra dans mes vers de ta Bonté ſuprême ,
Pour rendre heureux les tiens l'impatience extrême :
On verra que toujours elle ne remet pas
Toute leur recompenſe au delà du trépas ;
Mais que ſouvent ta main prevenant leur victoire ,
Les couronne icy bas d'un rayon de ta gloire.

Quand Rome ſuccombant ſous ſa propre grandeur,
Vit décheoir en tous lieux ſa force & ſa ſplendeur :
Des cavernes du Nort , mille peuples ſauvages ,
Fameux par leurs exploits , fameux par leurs ravages ,
Vinrent , ſe répandant en mille endroits divers ,
Comme un déluge affreux inonder l'univers ,
Parmi ces Nations fieres & déloyales
Nulle en lâches forfaits n'égala les Vandales.
Celuy qu'en ſon courroux Dieu fit leur ſouverain
Sous une forme humaine avoit un cœur d'airain,
Il ne regna jamais de Prince plus barbare ,
Autant qu'il fut cruel , autant fut-il avare ,
Et preſſé d'une ſoif indigne de ſon rang ,
Il ne ſe plut qu'à voir ou de l'or ou du ſang.

Aprés avoir pillé l'opulente Italie,
Détruit les monumens qui l'avoient embellie,
Avoir fait un maffacre indigne & plein d'horreur,
De tout ce qui s'offrit au cours de fa fureur,
Mis le refte en fes fers, & de deffus fes rives
Enlevé mille amas de dépoüilles captives;
De la brûlante Afrique il en couvrit les bords,
Et du rempart des Mers affeura fes trefors.

    Nole entre les citez, fur qui tomba l'orage,
Plus qu'aucune éprouva les excez de fa rage,
Son fein ne fut rempli que de calamitez,
Et fervit de theatre à mille cruautez.
Pendant le trifte cours d'un temps fi déplorable,
PAULIN fut le Pafteur que le Ciel favorable
Luy donna pour l'inftruire à fupporter fes maux,
Et pour la foulager dans fes rudes travaux.
A fes moindres devoirs il fut toûjours fidele,
Rien ne pût rallentir la ferveur de fon zele,
Sans relâche en tous lieux voloit fa charité;
Il rendoit au captif fa chere liberté;
De la maifon pillée il reparoit la perte;
Au pauvre, à l'étranger fa table eftoit ouverte;
Et fa prodigue main fe rencontroit toûjours
Où quelque mal preffant demandoit du fecours.

Telle agit en nos corps cette flame divine,
Dont le Ciel est le terme ainsi que l'origine ;
Dés que de la douleur quelque membre est surpris,
Elle y porte aussi-tost le sang & les esprits,
Et toûjours diligente, inquiete & fidelle,
Se trouve toute entiere où le besoin l'appelle.

   Quand les bleds & les vins par ses soins amassez,
Entre les indigens furent tous dispersez ;
Lorsqu'il vit de tous biens sa demeure épuisée,
Et que seule en un coin reste une natte usée,
Qui la nuit le reçoit quand versant ses pavots,
Le sommeil malgré luy, le contraint au repos,
Il porte encor ses mains saintement temeraires,
Sur les vases sacrez des terribles mysteres,
Et du prix du metail rachete ses enfans,
Vrais vases du Seigneur, & ses temples vivans.

   Tant de profusions, tant de saintes largesses
Avoient enfin tari le fonds de ses richesses,
Et son œil quelque part qu'il eust pu se tourner,
Ne rencontroit plus rien que sa main put donner :
Lorsqu'au sortir du Temple une femme éplorée,
Qui de soins & d'ennuis paroissoit devorée,
Se prosterne à ses pieds, & luy tient ce discours
Dont, de frequens soûpirs interrompent le cours.

Pere des affligez, appuy des miferables,
J'implore à vos genoux vos bontez fecourables,
Seure d'y rencontrer la fin de mes malheurs,
Quand vous aurez appris le fujet de mes pleurs.

Epoufe d'un pefcheur, dont la barque & l'adreffe
Furent tous les trefors & toute la richeffe,
J'ay long-temps avec luy fans peine fupporté
Ce qu'a de plus cruel l'affreufe pauvreté:
Un feul fils dont le Ciel benit noftre hymenée,
Faifoit tout le bonheur de noftre deftinée,
Son efprit plein de feu, mais difcret, fage & doux,
Joint à l'humble refpeſt qu'il eut toujours pour nous,
Charma tous nos ennuis, & pendant fon enfance
Nous donna tous les biens qu'enferme l'efperance;
Déja mefme plus grand il entroit dans nos foins,
Du fruit de fon travail il aidoit nos befoins,
Et je voyois en luy l'objet de ma tendreffe,
Le repos de mes jours, l'appuy de ma vieilleffe:
Mais par la cruauté de nos fiers ennemis,
Je n'ay plus deformais ny d'époux ny de fils.

Des foldats defcendus fur la rive prochaine,
Pour piller lâchement les hameaux de la plaine,
Forcent noftre demeure, & frappant mon époux,
L'eftendent à mes pieds percé de mille coups.

En mesme temps je voy mon cher fils qu'ils enchainent,
Et que malgré mes cris rudement ils entrainent,
Je détourne la veuë en cet affreux moment,
Et l'extréme douleur m'osta tout sentiment.
A peine le soldat dont il fut le partage,
Eut conduit son butin dans le port de Carthage,
Qu'au Prince Trasimond, mon cher fils fut donné,
Pour en estre à jamais l'esclave infortuné :
Dés ce moment la Mort recours des miserables,
Pour jamais eust mis fin à mes maux effroyables,
Si le bruit épandu de vos tendres bontez,
Par qui tant de captifs ont esté rachetez,
Et par qui tant de fois des veuves affligées,
Dans leurs besoins pressans ont esté soulagées,
Ne m'eust donné courage & prolongé mes jours
Par le flateur espoir d'un semblable secours.
Exaucez donc mes vœux, & rendez-moy la vie,
En rendant à mon fils sa liberté ravie :
Vostre cœur qui se plaist aux actes genereux
D'une seule rançon en aura sauvé deux.

Ces tendres mouvemens de l'amour maternelle
Penetrerent PAULIN d'une douleur mortelle ;
Son zele imperieux qui severe exacteur,
Aux petits comme aux grands l'a rendu debiteur,

Ne trouvant plus de biens, s'attaque à sa personne,
Et veut que pour rançon luy-mesme il s'abandonne :
Ce projet inoüy, ce surprenant dessein,
Long-temps vague & douteux luy roule dans le sein:
Il croit voir, d'une part, sa chere & sainte Eglise,
Qui gemit & se plaint de sa vaine entreprise,
De l'autre, il voit ce fils qui plein d'un juste effroy
De perdre dans les fers & la vie & la foy,
Luy semble s'écrier au bord du precipice,
Souffriras tu P A U L I N qu'à tes yeux je perisse.
Un Ange en ce moment luy monstrant de la main
Sur le vague des mers, le rivage Afriquain :
Cours viste, luy dit-il, où le besoin t'appelle,
Le Ciel avec plaisir voit l'ardeur de ton zele,
Cours, & suis de ton cœur le transport genereux,
Le succés qui t'attend, surpassera tes vœux :
Telle est du bon Pasteur l'ardeur demesurée,
Pour remettre au bercail la brebis égarée,
Il quitte son troupeau dans le fond du desert,
Et n'a d'empressement que pour celle qu'il perd.
Tournant donc ses regards sur cette triste mere,
Je ressens, luy dit-il, vostre douleur amere ;
Mais d'autres malheureux, pour rompre leurs liens,
Ont déja, diligens, enlevé tous mes biens :

En l'état où me met cette indigence extrême,
De ce qui fut à moy, je n'ay plus que moy-même.
Je m'abandonne à vous, voyons si l'Etranger
Avec voftre cher fils, voudra bien m'échanger.

    La veuve, à ce difcours qu'elle a peine à côprendre,
Plein d'une charité fi fublime & fi tendre,
Admire avec tranfport jufqu'où va, dans un cœur
Le genereux excez du zele du Seigneur.
A delivrer fon fils l'amour la follicite,
Mais quand elle regarde, eftonnée, interdite,
Quelle eft de fa rançon l'importance & le prix,
Elle n'oferoit plus redemander fon fils :
Elle garde long-temps un obftiné filence,
Mais du fage P A U L I N la douce violence
Enfin fçait à fes vœux l'a faire confentir,
Et fans plus differer l'a force de partir.
Entre ceux que fon choix, jufte, exact & fevere,
Appelloit aux travaux de fon faint miniftere,
Du devoir paftoral il partage le poids,
La puiffance, les foins, & les facrez emplois,
Et pourvoit aux perils qu'il prevoit dans la fuite
Menacer le troupeau qu'il laiffe à leur conduite ;
Alors plus que jamais preffé d'un faint tranfport,
Pour paffer en Afrique il defcend fur le port.

                                      Les

Les Anges pleins d'amour pour la sainte entreprise,
Qui confond les enfers, que le Ciel autorise,
Et qui mesme est pour eux un prodige nouveau,
D'un mouvement si prompt pousserent le vaisseau,
Qu'avant que le soleil eust sa course finie,
Ils toucherent les bords de l'ardente Lybie,
Où le Nocher surpris ne sçait par quel secours,
Sa barque si soudain a fait un si long cours.

    Sur les jaunes sablons de la brulante rive,
Precedé d'un grand bruit, subitement arrive
Le Prince Trasimond qu'un lion furieux,
Se sauvant de ses traits, attiroit en ces lieux.
Il monte un fier coursier qui le long de la plaine,
Poursuivant le lion d'une course soudaine,
Semble ne plus toucher au terrain sablonneux,
Mais voler dans le sein d'un nuage poudreux.
Parmi l'amas confus des chasseurs qui l'entourent,
Et le nombre infini des esclaves qui courent,
Celuy pour qui PAULIN sur ces bords est venu,
Est de sa tendre mere aussi-tost reconnu,
Son cœur en est troublé par cent douces alarmes,
Et ses yeux rejoüis en répandent des larmes.
Quand l'énorme lion, dans ses derniers efforts,
Par avance eut vengé sa mort par d'autres morts,

B

Le Prince, d'une audace intrepide & hautaine,
L'attaque avec l'épée, & l'eſtend ſur l'arene :
Tous du fier animal veulent percer le flanc,
Ou du moins que leurs traits ſoient rougis de ſon ſang.

Pendant que le vainqueur plein d'une douce joye,
Voit mourir à ſes pieds ſa redoutable proye :
PAULIN dans un détroit, ſage ſe va placer,
Où ſans foule & ſans bruit, le Prince doit paſſer :
La veuve prés de luy medite ſa demande,
Et regardant le Ciel ſon ſort luy recommande.

Ce Prince à qui le Roy fit part de ſa ſplendeur,
Autant que le permit la ſupreme grandeur,
Et que ſon juſte choix, en luy donnant ſa fille,
Par les nœuds de l'hymen unit à ſa famille,
Bien que brave il ſemblaſt n'aimer que les hazards,
Avoit l'ame ſenſible aux charmes des beaux arts,
Et comme dans ces temps, le pillage & la guerre,
Sans ceſſe, des endroits les plus beaux de la Terre,
Sur les plages d'Afrique amenoient des captifs
Sçavans, induſtrieux, diligens, inventifs,
Aucun homme celebre, aucuns artiſans rares
N'arrivoient ſur les bords de ces climats barbares,
Qu'il n'en tiraſt ſoudain quelque ouvrage excellent,
Au gré de leur genie, & ſuivant leur talent.

Au moment qu'il paſſa , la veuve toute émuë ,
Et ſur luy par reſpect n'oſant porter la veuë ,
Se jette à ſes genoux , & prononce ces mots ,
Animez de ſoupirs , & coupez de ſanglots :

 Des meres la plus tendre & la plus malheureuſe
Vient implorer , Seigneur , voſtre ame genereuſe
De vouloir par bonté luy redonner ſon fils ,
Que le ſort de la guerre , en vos mains , a remis ,
Que ſi cette faveur ardemment demandée ,
A la ſeule pitié ne peut eſtre accordée ,
Souffrez que cet Eſclave à vos pieds proſterné ,
Vous ſoit , pour mon cher fils , en échange donné ,
Il fut tout mon ſupport dans ma douleur funeſte ,
Et c'eſt de tous mes biens le ſeul bien qui me reſte.

 Le Prince ſur PAULIN ayant jetté les yeux ,
Aima ſa bonne mine & ſon air ſerieux :
En quel art , luy dit-il , ta main eſt-elle habile ,
Et peut , par ſon travail , me devenir utile ?
Des arts , qui d'un captif font le ſolide prix ,
Ma main , luy dit PAULIN , n'a jamais rien appris ,
Mais ami des jardins & de la ſolitude ,
Je me ſuis acquis l'art , par une longue eſtude ,
De contraindre la Terre à payer tous les ans
Et de fleurs & de fruits , des tributs abondans.

Le Prince curieux , qui dés son plus bas âge
Avoit avec ardeur aimé le jardinage ,
Où souvent son loisir s'estoit mesme amusé ,
Avec joye accepta l'échange proposé ;
Le fils libre des fers court embrasser sa mere ,
Qui s'éloigne aussi-tost de la rive étrangere ,
Et le nouvel Esclave alla le mesme jour ,
Dans les jardins du Prince establir son sejour.

SAINT PAULIN·
POËME.

SECOND CHANT.

Non loin des vastes murs de l'antique Carthage,
Qui des plus fiers Romains exerçant le courage,
S'acquit tant de renom par ses vaillans combats,
Plus encore en tombant sous l'effort de leurs bras:
Se presente un vallon tranquille & solitaire,
Où la terre parée & s'efforçant de plaire,
Estalle aux yeux du Ciel tout ce qu'elle a d'attraits,
Des prez, de claires eaux & de sombres forests.

Le Prince avoit orné de jardins magnifiques,
Les appas negligez de ces beautez ruſtiques :
Là, malgré le ſoleil, mille longs promenoirs
Conſervent la fraicheur ſous leurs ombrages noirs,
Là, de mille façons, mille claires fontaines
S'élevant juſqu'au Ciel, ſuperbes & hautaines,
Sur les feuillages verts des pins & des ormeaux,
Font éclatter l'argent de leurs brillantes eaux :
Les baſſins precieux, où du haut de la nuë,
Leur onde fatiguée en tombant eſt receuë,
De la main des captifs ſçavamment travaillez,
Sont de bronze ou de marbre, en figures taillez :
Un parterre où ſe voit ce que peut la nature,
Avec le ſoin exact d'une adroite culture,
Forme un riche tiſſu d'arbriſſeaux & de fleurs
En combat éternel pour le prix des couleurs.
Au delà du parterre, une longue terraſſe,
Dans les flots de la mer s'avance avec audace,
Où l'œil en arrivant, libre de tous coſtez,
Découvre, d'un regard, cent diverſes beautez.
Sur la droite s'eſtend une vaſte prairie,
Dont cent petits ruiſſeaux moüillent l'herbe fleurie,
Au de là ſont des bois, des plaines, des guerets,
Et plus loin des coſteaux ombragez de foreſts.

Vis à vis est la mer dont l'immense estenduë
Se joint avec le Ciel, & se perd à la veuë :
L'œil, qu'entier elle occupe, aime à la parcourir,
Et croit, dans les beaux jours par fois y découvrir
Quelques terres au loin bleüastres, effacées,
Sur l'horison douteux legerement tracées.

A la gauche se voit le plus beau des vergers,
Que parfume en tout temps l'odeur des orangers ;
Où croissent à l'envi mille sortes de plantes,
De forme, de vertu, de beauté, differentes,
Et mille arbres encor, qui de genre, divers,
Produisent tous les fruits qu'on voit en l'univers.

Ce fut là que PAULIN, qui dans l'agriculture
S'estoit plû d'admirer l'Auteur de la nature,
En cet art innocent dés long-temps exercé,
Fut par l'ordre du Prince heureusement placé.

Soit que l'astre du jour sorte du sein de l'onde,
Et de ses feux naissans renouvelle le monde,
Soit qu'il y rentre au soir, & que s'en aprochant,
Il couvre de son or les portes du couchant.
PAULIN rempli d'ardeur, de zele & de courage,
S'occupe sans relasche aux soins du jardinage,
Et comme si jamais dans un haut rang d'honneur,
Il n'eust servi de guide au troupeau du Seigneur :

La main dont il porta la crosse pastorale,
A la besche, au rateau, sans peine se ravale,
Instruit que nul employ ne se doit negliger,
Quand les ordres du Ciel daignent nous en charger.

Tantost il met à bas les rameaux inutiles
De ces arbres captifs endurans & dociles,
Qui sur un mur brulant retenus & liez,
Estendent, comme on veut, leurs branchages pliez,
Pour donner à leur fruit, ou de la fraiche aurore,
Ou du soleil ardent l'aspect qui les colore ;
Tantost d'un soin pareil par luy sont cultivez
Ceux qui libres de bras & de corps, élevez
Donnent abondamment sans souffrir de torture,
Ce que de son bon gré leur fournit la Nature.
Sur leurs rameaux épais, masles & vigoureux,
Les fruits naissét moins beaux, mais bié plus savoureux.

Quelquefois dans l'enclos des jeunes pepinieres,
Les plus vils sauvageons, les plantes les plus fieres,
Dont la seve est ingrate & le fruit odieux,
Se changent sous sa main en arbres precieux,
Soit que d'un fer discret, il se plaise de fendre
Le tissu delicat de leur écorce tendre,
Pour y mettre en depost dans le fort de l'Esté,
Le germe vigoureux d'un arbre souhaité.

                                        Soit

Soit qu'aux premieres fleurs dont la Terre se couvre,
Il leur coupe la teste, & la tige il leur ouvre,
Pour desormais les rendre, en beaux fruits, abondans,
Par le rameau choisi, qu'il enferme dedans.
C'est ainsi que ta main Seigneur, nous sanctifie,
Et donne à tes Elûs, une nouvelle vie,
Disoit-il, regardant le celeste sejour,
Où tendent sans repos, ses vœux & son amour.
C'est ainsi que ta grace, en leur ame receuë,
En change, en adoucit la seve corrompuë,
Et que d'arbres maudits de la Terre & des Cieux,
Elle les rend feconds en fruits delicieux.
Comme on voit le pepin, de quelque fruit qu'il sorte,
Produire un sauvageon toujours de mesme sorte,
Ainsi, poursuivoit-il, les enfans naissent tous
Dignes également du celeste courroux,
Sans que, de leurs parens le crime ou l'innocence
Puisse establir entre eux, la moindre difference:
Sur le tronc qu'avec soin la Nature a planté,
Il faut que de la Grace un rameau soit anté,
Qui change en un doux suc, par sa force divine,
Le suc aspre & piquant que pousse la racine.

　　Son cœur s'entretenoit de ces pensers pieux,
Et de la Terre, ainsi, s'élevoit dans les Cieux.
C

Mais parmi les appas d'une fi douce vie,
Si fimple, fi tranquille & fi digne d'envie,
Du fidelle troupeau qui languit loin de luy,
Le tendre fouvenir le confume d'ennuy:
L'Eglife, fon époufe, & qu'il a delaiffée,
Sans ceffe vient en pleurs, s'offrir à fa penfée,
Et mille fois le jour luy reproche en fecret,
Qu'il s'eft laiffé tromper par un zele indifcret.

Quatre planes touffus, de leur vafte branchage,
Formoient en fe joignant un fpacieux ombrage,
Où dans le chaud du jour, le filence & le frais
S'eftoient venu cacher fous leur feüillage épais,
Où l'ombre avec ardeur, par le foleil chaffée,
Sembloit, de toutes parts, s'eftre auffi ramaffée.
Ce fut là que cedant à fa vive douleur,
Devant Dieu de la forte il épancha fon cœur.

Seigneur, qui vois l'excez du regret qui me tuë,
Et les mortels ennuis de mon ame abatuë,
Daigne me fecourir par ta fainte bonté,
Et fi ta main encor ne ma pas rejetté
Comme un Pafteur fans foy, qu'a feduit fa foibleffe,
Sous le voile trompeur d'une fainte tendreffe,
Qui traiftre à fon devoir, a lâchement laiffé
Le pofte glorieux où tu l'avois placé;

Donne moy de revoir cette épouse fidelle,
A qui tu m'as lié d'une chaîne éternelle,
De revoir ces enfans qui m'ont esté donnez,
Pour estre, sous tes loix, par mes soins, gouvernez,
Souffre que desormais leur devenant utile,
J'aille leur rompre encor le pain de l'Evangile,
Leur faire aimer ton nom, & dans ce saint travail
Finir mes jours en paix, au milieu du bercail;
Et toy, dans tous mes maux, mon asseuré refuge,
Qui pour moy, tant de fois, as sçu flechir mon Juge,
FELIX, digne Prelat de la mesme cité
Où tu fis tes plaisirs du soin que j'ay quitté,
Si ton cœur genereux dans le sein de la gloire,
De ma sincere ardeur garde encor la memoire,
Helas, plus que jamais monstre moy ton amour,
Et secondant mes vœux, obtiens moy mon retour.

Sur l'aisle des soupirs la priere portée,
Du Monarque éternel ne fut point rejettée :
FELIX, qui dans Dieu mesme, où ses yeux ont acœz,
Voit l'ardente priere & son heureux succez,
Part soudain vers la Terre, un long trait de lumiere
Suit le rapide cours de sa vaste carriere,
Tel qu'en un jour d'Esté, dans le vague de l'air,
Brille à nos yeux surpris la trace d'un éclair.

Sa robe à la blancheur de la neige nouvelle,
Et d'un feu vif & pur son regard étincelle.
Des planes tenebreux il perce le couvert,
L'ombre qui reposoit sous leur feüillage vert,
Par cent traits de lumiere est soudain écartée,
Et derriere leurs troncs se cache épouvantée.

    Prens courage, PAULIN, redouble ton ardeur,
Luy dit, en l'abordant le saint Ambassadeur:
Bien tost pour digne prix de l'excez de ton zele,
L'Eternel te rendra ton épouse fidelle,
Le malheureux autheur de ton rigoureux sort,
Est tout prest de descendre aux ombres de la mort,
Et tu peux reveler à ton genereux Maistre,
Cet avenir caché que je te fais connoistre.

FELIX, aprés ces mots, disparoist à ses yeux,
Et remonte leger vers la voute des Cieux,
La lumiere le suit, & laisse r'entrer l'ombre,
Qui plus qu'auparavant rend la demeure sombre.

    D'hommes & de chevaux, qu'on croit oüir marcher,
Un bruit confus s'entend & semble s'approcher,
Il s'y mesle le son d'une trompette aiguë,
Qui, du Prince, en ces lieux, annonce la venuë,
La porte s'ouvre entiere, & sans ordre & sans choix,
Cent courtisans en foule entrent tous à la fois,

Le Prince vient aprés, d'une demarche fiere,
Qui de la Nation, marque l'humeur altiere :
PAULIN viſte s'avance, & comme humble captif,
Le ſuit, plein de reſpect, & l'écoute attentif,
Pour bien executer, & comme il le deſire,
Ce qu'en ſe promenant il voudra luy preſcrire.
Le Prince, qui de fruits, voit ſes arbres chargez,
Verdoyans, vigoureux, en ordre & bien rangez,
En obſerve avec luy les diverſes eſpeces,
Et d'aiſe qu'il en a le comble de careſſes ;
Salaire le plus doux que puiſſe recevoir
Un eſprit genereux qui remplit ſon devoir.

Les vertus de PAULIN, ſa ſageſſe accomplie,
Et les autres talens dont ſon ame eſt remplie,
Aux yeux du jeune Prince, avoient tant éclatté,
Malgré le ſoin exact de ſon humilité,
Qu'au mepris de la Cour, dont il fait les delices,
Et des amuſemens de cent doux exercices,
Chaque jour dans ſes parcs on le voyoit venir,
Moins pour s'y promener que pour l'entretenir.
Aſſeuré pleinement de ſa rare prudence,
Son cœur, de ſes ſecrets luy faiſoit confidence,
Et dans mille beſoins, ayant pris ſes avis,
Il ſe loüa toujours de les avoir ſuivis.

S'eſtant donc éloigné de la troupe importune,
Qu'attire ſur ſes pas l'éclat de ſa fortune,
Aprés que ſans parler il eut fait quelques tours,
Se tournant vers PAULIN, il luy tint ce diſcours.

Qui ne croiroit, à voir la ſplendeur que me donne
L'eſpoir, quoiqu'incertain, d'une grande couronne,
Mes charges, mes emplois où brille tant d'honneur,
Que mon ame joüit d'un ſouverain bonheur,
Qui verroit cependant les contraintes cruelles,
Les chagrins inquiets, les alarmes mortelles,
Et les affreux perils dont je ſuis menacé,
Pour ce rang glorieux où je me vois placé,
Surpris, il avoüeroit que mon ſort & ma vie,
Sont plus dignes cent fois de pitié que d'envie :
Le Roy, tu le connois, dont l'eſprit emporté,
Oze tout, & toujours panche à la cruauté,
Sur le moindre ſoupçon que jette dans ſon ame
Un eſclave flateur, une impudique femme,
Me ſemble à tous momens, decider de mon ſort,
Et pour ſe raſſeurer me livrer à la mort.
Je l'aime toutefois, & ſa munificence,
Joint encor mon amour à ma reconnoiſſance :
Conſervez, dit PAULIN, ces nobles ſentimens,
Mais preparez voſtre ame à de grands changemens.

Deux fois à peine encor, l'inégale courriere,
Dans le cercle des mois, fournira sa carriere,
Qu'au milieu de sa gloire une soudaine mort,
De * Gontaire surpris, terminera le sort.

* Roy
des Van-
dales.

Ceignez dans ce moment le royal diadéme,
Asseurez-vous par tout de la grandeur supréme,
Et ne permettez pas que d'injustes rivaux
S'emparent les premiers du fruit de vos travaux.
Mais puisqu'enfin le Ciel, au trosne vous appelle,
A de si grands devoirs songez d'estre fidelle,
N'imitez pas ces Roys, dont l'esprit orgüeilleux,
Pense que les Estats ne sont faits que pour eux,
Qu'un digne Potentat doit n'aimer que la guerre,
N'avoir point de repos qu'il n'ait conquis la Terre,
N'admettre dans son cœur que de vastes projets,
Et ne compter pour rien le bonheur des sujets ;
Non, Seigneur, d'un grand Roy la veritable gloire
N'est point de remporter victoire sur victoire,
De repandre du sang, d'envahir des Estats,
Ny de faire trembler les autres Potentats,
Mais bien d'aimer son peuple, & d'en estre le Pere,
D'avoir toujours un cœur sensible à sa misere,
Et de n'estre attentif qu'au dessein genereux,
De le regir en paix, & de le rendre heureux.

Tel eſt l'art de regner, & c'eſt par là qu'un Prince,
N'euſt-il ſous ſon pouvoir qu'une ſeule Province,
D'un Monarque parfait poſſede la grandeur,
Et de ſon caractere a toute la ſplendeur.

　　La Nuit qui ſur un char environné d'eſtoilles,
Commençoit vers l'aurore à déployer ſes voiles,
Finit leur entretien en finiſſant le jour,
Et contraignit le Prince à haſter ſon retour.
Il appelle, & ſa voix eſt à peine entenduë,
Qu'en mille endroits du parc ſa ſuite répanduë,
Accourt, ils ſortent tous. Un bruit tumultueux
S'éleve à leur départ, & s'éloigne avec eux.
　　Cependant les captifs qui les plantes cultivent,
A pas lents vers P a u l i n de tous coſtez arrivent,
Et du travail du jour, ſans relâche exercez,
Sous leur ruſtique toit ſe retirent laſſez:
De fruits nez dans le parc une table chargée,
Offre un ample repas à la troupe arangée,
Où la faim, qui toujours donne du prix aux mets,
Egale leur banquet aux plus riches banquets,
A l'Autheur de tous biens la loüange eſt donnée,
Et par des vœux au Ciel, ſe finit la journée.

SAINT PAULIN.
POËME.

TROISIE'ME CHANT.

A Peine le soleil de ses premiers rayons,
Doroit le haut des pins, & la cime des monts,
Que déja dans le parc de tous costez fourmille,
Des captifs diligens la nombreuse famille,
L'un taille l'oranger ennemy des hyvers,
L'autre tond les rameaux des myrthes toujours verts,
Celuy-cy de bourgeons la vigne debarasse,
Et la joint de plus prés à l'ormeau qu'elle embrasse;

D

D'autres, à leur travail, ardamment empreffez,
Dans des vafes d'airain, de mille trous, percez,
Portent & font tomber fur la terre alterée,
Une pluye à fa foif fagement mefurée,
Par qui l'arbre qui fouffre & feche de langueur,
Se ranime, & reprend fa premiere vigueur.
PAULIN qui fans relâche à leurs travaux prefide,
A l'œil de toutes parts, les inftruit & les guide,
Leur partage leur tafche à tous diverfement,
Et feul à tant de bras donne le mouvement.

Le Roy ce mefme jour celebra fa naiffance,
Et pour faire à fon peuple, admirer fa puiffance,
Voulut dans un feftin étaller à fes yeux,
De fes divers trefors les amas precieux,
Bien que pendant la nuit un fonge épouvantable,
D'un funefte avenir, prefage veritable,
Euft dû par les malheurs dont il la menacé,
Etouffer pour jamais fon orguëil infenfé.

Dans les premiers momens que l'Aurore naiffante,
Commençoit d'épancher fa clarté blanchiffante,
Aydé de la fraifcheur qu'ameine fon réveil,
Il fentit dans fes yeux fe gliffer le fommeil :
Pendant ce doux repos, un fpectacle admirable,
Spectacle tout enfemble, augufte & formidable,

Tout à coup se presente à ses regards surpris,
Et d'un subit extase arreste ses esprits :

Il se croit au milieu d'une superbe salle,
En richesse, en grandeur, en beauté, sans égalle,
Où le jaspe, l'azur, l'or & les diamans,
Sont de ses hauts lambris les moindres ornemens,
Bien que de tous costez cent rayons de lumiere,
Augmentent la splendeur de leur riche matiere :
La voute plus superbe & plus brillante encor,
Se cache par endroits sous des nuages d'or,
Où mille Anges épars, par leur sainte presence,
En redoublent l'éclat & la magnificence.

Pendant que ces objets luy remplissent les yeux,
Sur des sieges parez d'ornemens precieux,
Vint s'asseoir un long rang de Juges venerables,
Dans leur grave maintien, cent fois plus redoutables,
Qu'en guerre ne le font les bataillons serrez
Des plus fiers ennemis au combat preparez;
L'un d'entre eux, de PAULIN a l'air & le visage,
Le Tyran qui fremit malgré tout son courage,
Sur luy, quoy qu'inconnu, fixe plus ses regards,
Que sur le reste entier de ces sages vieillards,
Il se place à leurs pieds, & dans ses mains tremblantes,
Interdit & confus tient des verges sanglantes.

Sur leurs grands tribunaux richement ouvragez,
Les ſages Magiſtrats à peine eſtoient rangez,
Que l'Ange du Seigneur, cet Ange qui ſevere,
Marche devant ſes pas aux jours de ſa colere,
D'une voix reſonnante, & pleine de vigueur,
Qui frappoit moins encor l'oreille que le cœur,
Leur parle de la ſorte, enfin l'heure eſt venuë,
Que la main du Tres-Haut, trop long-temps retenuë,
Sur ceux dont l'inſolence a ſçû vous outrager,
Ecoute ſon courroux, & vient pour vous vanger.

    Les Mechans, il eſt vray, dans une paix profonde,
Joüiſſent des plaiſirs que renferme le monde,
Et l'Univers entier, s'accordant à leurs vœux,
Semble avec tous ſes biens n'eſtre fait que pour eux,
Pendant que les Elûs, dont l'ame eſt pure & ſainte,
Qui ſervent l'Eternel, & vivent dans ſa crainte,
Sans relâche exercez par de rudes travaux,
Côme excremens du monde en ſouffrent tous les maux :
On diroit que le Ciel, aimant les injuſtices,
Condamne les vertus, & couronne les vices,
Et qu'ayant à dédain ceux qui luy ſont ſoumis,
N'ait de tendres faveurs que pour ſes ennemis :
Mais les enfans du Ciel qu'une foy vive éclaire,
Penetrent aiſément le fonds de ce myſtere,

Et les hommes pervers en finiſſant leur ſort,
N'en ſont que trop inſtruits par les mains de la Mort,
Qui, lorſque de la vie elle coupe la trame,
Fermant les yeux du corps, ouvre les yeux de l'ame;
Ils commencent à voir, pleins de confuſion,
Que toute leur grandeur ne fut qu'illuſion.
Que leurs biens furent faux, & qu'enfin ces conqueſtes,
Qui de mille lauriers ont couronné leurs teſtes,
Ne ſont aux yeux du Ciel que d'infames larcins;
Et que tous leurs ſoldats ſont autant d'aſſaſſins:
Ils découvrent encor que ceux, dont l'ame pure
A marché loin du faſte en une route obſcure,
Qu'ils eurent en opprobre, & qu'ils ont opprimez,
Sont du Dieu Tout-puiſſant les enfans bien aimez,
Les enfans qu'il éprouve, & qu'enſuite il appelle
Dans le ſein bien-heureux de ſa gloire immortelle.

    Du Tyran qu'à vos pieds vous voyez abatu,
Qui par tout l'univers affligea la vertu,
Vous ne ſçavez que trop la cruelle avarice,
Les meurtres, les larcins, la fraude & l'injuſtice,
Prononcez, le Seigneur veut que ce ſoit par vous,
Qu'il reçoive l'Arreſt qu'a dicté ſon courroux.

    Tels au dernier des jours, le Ciel verra paroiſtre
Les illuſtres témoins de la mort de leur maiſtre,

Qui fur des fieges d'or pompeufement affis,
Jugeront les Tribus du peuple circoncis,
Et viendront declarer à cette ingrate engeance,
Du Seigneur irrité la terrible vangeance.

A cofté du Tyran accablé de douleur,
Un Ange qui fembloit partager fon malheur,
Soudain fe prefenta pour prendre fa défenfe :

Je ne viens pas, dit-il, excufer fon offenfe,
L'enfer tout plein qu'il eft d'effroyables tourmens,
N'a point pour le punir de trop grands chaftimens,
Mais eft-il un mortel qui par fes injuftices,
N'ait merité cent fois la rigueur des fupplices ;
L'Eternel cependant, à toute heure offenfé,
Retient la jufte ardeur de fon bras courroucé ;
Pour retirer du crime un pecheur qui l'outrage,
Il n'eft peine ou faveur qu'il ne mette en ufage,
Et le foudre vengeur fur le point de partir,
Pour arrefter fon coup n'attend qu'un repentir ;
Pour peu qu'un cœur foupire, à fes vœux il accorde
Le temps d'obtenir tout de fa mifericorde.

Les maux qu'en fa fureur le Tyran vous a faits,
Ses noires cruautez, & fes lâches forfaits
Ont formé voftre gloire, & tiffu la couronne,
Dont l'éclat aujourd'huy voftre chef environne :

Loin donc de le punir par un coup inhumain,
Du glaive que le Ciel a mis en voſtre main,
Joignez en ſa faveur vos ardentes prieres,
Vers l'immenſe bonté du Pere des lumieres,
Qu'il daigne l'éclairer dans ſes triſtes malheurs,
Et luy faire noyer ſon crime dans ſes pleurs :
Les genereux Martyrs de qui la ſainte audace,
Au travers des tourmens dans le Ciel s'eſt fait place,
Mettoiét, preſts de mourir, leurs plaiſirs les plus grands,
A partager leur palme avecque leurs Tyrans.

N'eſperez point flechir cette auguſte aſſemblée,
Dit l'Ange du Seigneur, la meſure eſt comblée,
Il n'eſt plus de remiſe, & déja trop de fois,
Son cœur, du Tout-puiſſant, a rejetté la voix.
A ces mots, dont le ſon le rendit tout de glace,
Les illuſtres vieillards ſe levent de leur place,
Déliberent enſemble, & le plus vieil d'entr'eux
Prononça contre luy ce jugement affreux :

Aſſez, & trop long-temps, ton injuſte puiſſance
A des Saints du Seigneur affligé l'innocence,
Aſſez, ton cœur cruël les a chargez de fers,
L'Eternel eſt laſſé des maux qu'ils ont ſoufferts,
Et veut que deſormais, la verge enſanglantée,
Dont tu les a frappez, de tes mains ſoit oſtée.

Des armes qu'il tenoit l'Ange le depoüilla,
Et l'excez de la crainte auſſi-toſt l'éveilla,
Il ſe leve, & chaſſant ces funeſtes images,
Dont il craint d'entrevoir les ſiniſtres preſages,
Il taſche à ne remplir ſon eſprit inquiet,
Que des appreſts pompeux de ſon riche banquet.

Pour donner à la feſte une beauté plus grande,
Le Prince, vers PAULIN. viſte envoye & commande
Que par luy ſans tarder, au banquet ſoient conduits
Tout ce que ſes jardins ont de fleurs & de fruits.

Des naiſſantes beautez, dont la Terre ſe pare,
Il ſe fait auſſi-toſt une moiſſon barbare,
Et cent larges vaiſſeaux ſe rempliſſent de fleurs,
Où brillent à l'envy les plus vives couleurs.
Chacune avec amour par le ſoleil fut peinte,
Icy l'œil aime à voir le celeſte hyacinte,
Là plaiſt en ſa paſleur l'amante du ſoleil,
Icy ſe fait aimer la roſe au teint vermeil,
Et là prés du beau feu dont la grenade brille,
Le lis joint ſon argent à l'or de la jonquille.

Pluſieurs ſont occupez dans l'enclos du verger,
L'un à cueillir les fruits, l'autre à les arranger,
Celuy cy met la main ſur la peſche empourprée,
Cet autre tire à luy la prune diaprée,

Son

Son teint frais est voilé d'une legere fleur
Qui tempere l'éclat de sa vive couleur.
Plus loin dans un endroit, que le flambeau du monde
Frappe plus vivement de sa clarté feconde,
La figue se detache au moment que le ciel
Semble la vouloir fondre, & la resoudre en miel :
Dans un autre reduit encore plus fertile,
Se cueille le melon, ce precieux reptile,
Que le soleil nourrit de regards amoureux,
Et qui de tous ses dons est le plus savoureux ;
Là PAULIN va luy-mesme, & d'une main sçavante,
Entre cent fruits égaux, nez d'une mesme plante,
Par un instinct secret que ses sens ont acquis,
Choisit, sans se tromper, ceux d'un goust plus exquis,

Les amas odorans de ces rares merveilles,
Portez par les captifs dans de larges corbeilles,
Sortent superbement de l'enclos des jardins,
Et de leur douce haleine embaument les chemins :
Ils entrent au Palais, la Cour en est charmée,
Et suit avec plaisir leur trace parfumée.

Dans un vaste sallon sous des arcs enfoncez,
D'une égale hauteur trois buffets sont dressez,
L'un porte les tresors de l'Europe pillée,
L'autre ceux de l'Asie à son tour dépoüillée,

E

Au milieu brille l'or de cent riches pais,

Par l'injuſte Tyran dans l'Afrique, envahis :

Là ſe voit cette coupe autrefois ſi fameuſe,

Où la Reyne du Nil folement ſomptueuſe,

Fit immoler au gouſt les delices de l'œil,

Et monſtra ſon amour bien moins que ſon orguëil.

Cent vaſes, tous gravez par une main ſçavante,

Y donnent tous les vins dont la Terre ſe vante,

Vigoureux, colorez, piquans, ou delicats

Selon leurs regions, & l'aſpect des climats ;

Mille liqueurs encor toutes delicieuſes,

S'y trouvent à l'envy rares & precieuſes.

Prés de chaque buffet, trente jeunes garçons

Preparent ces liqueurs, & ſervent d'échançons :

Les uns furent tirez de Grece & d'Italie,

Tous d'un air noble & grand, d'une grace accomplie,

Les autres prés l'Euphrate en guerre furent pris,

Doüez d'une beauté ſans exemple & ſans prix ;

Des Mores avec eux ſe joint la troupe noire,

Comme on voit ſe meſler l'ébene avec l'yvoire :

Mais de ces deux couleurs plus grand eſt le combat,

Et plus l'une de l'autre elles tirent d'éclat.

Une tribune en haut, ſuperbe & magnifique,

Enferme dans ſon ſein trois grands chœurs de muſique,

Qui, divers de chanfons, de voix & d'inftrumens,
Font du banquet Royal les plus doux agrémens.
Sur un ton Lydien par fois la douce lyre
Se plaint avec la voix d'un Amant qui foupire,
Puis plus fort elle entonne un mode Phrygien,
Tantoft fe fait oüir le ciftre Egyptien,
Tantoft tout retentit du fier bruit des timballes,
Guerriere volupté des Huns & des Vandales,
Et fouvent tous enfemble uniffant leurs accords,
Ils agitent le cœur de mille doux tranfports.

Le Tyran s'applaudit de fa magnificence,
Il s'admire luy-mefme en fa toute-puiffance,
Et fa foible raifon, trouvant là fon écuëil,
Tout entier il fe livre aux charmes de l'orguëil :
Dans fes cruels larcins voilez du nom de Guerre,
L'infenfé croit fe voir le Maiftre de la Terre,
Et que tous les Captifs de tant de lieux divers,
Viennent luy rendre hommage au nom de l'Univers.

A tous les conviez la Salle eftoit ouverte,
Et la table, de mets venoit d'eftre couverte,
Quand le fage PAULIN, & fes gens introduits,
S'approchent du banquet pour prefenter leurs fruits,
Dont l'extrém beauté, jufqu'alors fans égale,
Accrut encor l'éclat de fa pompe Royale.

E ij

A peine le Tyran, superbe & serieux,
Sur PAULIN qui s'avance, eut détourné les yeux,
Qu'il s'émeut, & qu'on voit l'image de la crainte,
Dans ses regards troublez, profondement emprainte,
Le cœur luy bat, il tremble, & changeant de couleur,
Son visage blanchit d'une affreuse pasleur.

*Bal-   Tel parut autrefois * ce Roy de Babylone,
thazar.   Qui follement charmé de l'éclat de son trosne,
Meprisa le Seigneur, & ses vases sacrez,
D'un usage insolent par luy deshonorez,
Lorsqu'au fort du banquet, il vit plein d'épouvante,
Une main qui sans bras, & toutefois vivante,
Sur la face du mur, l'instruisoit de son sort,
Et luy traçoit l'arrest de sa prochaine mort.

Sitost que du festin la table fut ostée,
Le superbe Tyran, dont l'ame inquietée,
Desormais plus long-temps ne se peut contenir,
Avertit Trasimond qu'il veut l'entretenir;
Puis dans un cabinet, dont il ferme la porte,
Pasle & tremblant encor, luy conte en quelle sorte
Un auguste Senat de vieillards assemblez,
Offert pendant la nuit à ses regards troublez,
Avoit, d'entre ses mains, des verges arrachées,
Qui, de gouttes de sang, sembloient toutes tachées;

Le jour pourſuivit-il, & l'aiſe du reveil,
Avoient ſçû diſſiper les frayeurs du ſommeil :
Mais ce qui maintenant me confond & me trouble,
Ce qui fait que ma peur s'augmente, ſe redouble,
Et que d'horreur enfin tous mes ſens ſont tranſis,
C'eſt qu'entre ces vieillards PAULIN eſtoit aſſis.
Ouy, PAULIN voſtre eſclave, auguſte & venerable,
Tenoit dans ce Senat une place honorable ;
Il m'eſtoit inconnu, je ne le vis jamais,
De ſorte cependant j'en ay gardé les traits,
Qu'auſſi-toſt que ſur luy j'ay détourné la veuë,
D'un trouble ſans égal mon ame s'eſt émeuë,
Et que mon ſonge entier, déja preſque effacé,
S'eſt en moy tout à coup vivement retracé.
Cet homme ſimple & doux, d'un dehors ordinaire,
N'eſt point, côme il nous ſemble, un hôme du vulgaire ;
Recherchez avec ſoin quels furent autrefois
Dans ſon païs natal, ſon rang & ſes emplois :
Rendez-luy promptement ſa liberté ravie,
Faites ſa deſtinée au gré de ſon envie,
Comblez-le de bienfaits, & d'un ſoin empreſſé,
Détournez les malheurs dont je ſuis menacé.

 Traſimond inquiet de ce qu'il vient d'entendre,
Commande qu'au Palais, PAULIN aille l'attendre :

Il charge de ce foin Euric, qu'un choix prudent
Fit de tous fes fecrets, l'unique confident,
Puis d'un accuëil affable il rejoint l'Affemblée,
Que fa trop longue abfence avoit déja troublée ;
Et qui n'attendoit plus que les ordres du Roy,
Pour prendre le plaifir d'un fuperbe tournoy.

S. le Clerc f

SAINT PAULIN·

POËME.

QUATRIEME CHANT.

P Endant qu'en cent façons la vaillante jeuneſſe,
Dans la lice, fait voir ſa force & ſon adreſſe,
Que Traſimond leur chef, le plus brave de tous,
Charme mille Beautez, & fait mille jaloux ;
Soit que dans une marche, auguſte, fiere & lente,
Il domte d'un courſier l'ardeur impatiente,
Soit que ſon javelot juſte, leger & prompt,
D'un fantoſme guerrier, aille percer le front,

Soit que fon cimeterre innocemment barbare,
Le tranche d'un revers , ou la tefte en fepare,
Soit qu'enfin fur un barbe à la courfe dreffé,
Qui rapide fend l'air d'un pas vifte & preffé ;
La lance que conduit fa main adroite & forte,
Se couronne en paffant de l'anneau qu'elle emporte.
Pendant que ce fpectacle aimable & curieux,
De la Cour & du peuple occupe tous les yeux ,
Et qu'épuré de fang , d'horreur & de carnage,
Il donne, de la guerre, une agreable image,
PAULIN , dont le plaifir au devoir eft borné ,
Se rend dans le Palais, fuivant l'ordre donné ;
Là , le fidelle Euric, qu'à cofté de fon Maiftre,
Une bleffûre au bras empefchoit de paraiftre ,
Le receut avec joye , & le refte du jour
Se plut à luy monftrer un fi charmant fejour.

Ce Palais enfermoit dans fa riche ftructure ,
Ce qu'a de plus charmant la noble architecture ,
Et pour n'en rejetter aucun des ornemens ,
Le Prince avoit conftruit deux corps de baftimens ,
L'un bizare & hardi , de maniere gothique ,
L'autre majeftueux , imité fur l'antique.
De larges foffez d'eau , le premier entouré ,
De tours & de donjons fierement remparé ,

                                                    Et

Et touchant presque au ciel de sa cime orgüeilleuse,
Marquoit des inventeurs l'audace belliqueuse.
Dans la cour cent pilliers divisez en deux rangs,
Ornez de chapiteaux, tous entre eux differens,
Portent, foibles & longs, sur leurs tiges menües,
Des voutes qu'on admire en estre soustenües,
Et d'où pend, pour parer leur superbe lambris,
Un amas d'ornemens, dont l'art mesme est surpris.
PAULIN voit que les Gots ne mirent leur adresse
Qu'à monstrer de l'esprit, & de la hardiesse,
Et remarque à quel point, ces peuples fiers & vains,
Mépriserent le goust des Grecs & des Romains.
Euric le mene ensuite au second edifice,
Où regne le bon sens avec moins d'artifice,
Son œil se plaist d'en voir la solide beauté,
Et l'air majestueux de sa simplicité,
Dignes des premiers Grecs, & des Maistres du monde,
Où brille mesme encor leur sagesse profonde.

Aprés avoir long-temps admiré les dehors,
Ils entrent aux dedans pleins de mille tresors :
Le long des riches murs de deux vastes portiques,
Se voit un double rang de figures antiques,
Des siecles plus âgez monumens precieux,
Et le plaisir de l'ame encor plus que des yeux;

F

Quand avec le butin on les eut debarquées,
Du Tyran qui les vit elles furent moquées,
Et son œil insensible aux merveilles de l'art,
Les fit mettre au rebut, & jetter à l'écart :
Mais le Prince éclairé par son heureux genie,
Connut en les voyant leur valeur infinie,
Et plaçant en leur jour ces chefs-d'œuvres charmans,
En fit de son Palais les plus beaux ornemens.
Celle qui la premiere à leurs yeux se presente,
Est du grand Policlete, une jeune Atalante
Où le marbre n'a plus ny poids ny dureté,
Mais tout l'air de la Nymphe, & sa legereté.
Ensuite est Adonis, où l'œil croit voir des roses
Sur sa bouche & son teint nouvellement ecloses,
Et l'art qui luy donna tant d'aimables appas,
Sçût y faire trouver les couleurs qu'il n'a pas.
Narcisse est vis à vis, cet amant de luy-mesme,
Il semble, en le voyant, triste, réveur & blesme,
Que de son fol amour luy vienne sa pasleur,
Et non point que du marbre elle soit la couleur.
Plus loin prés de Bacchus, le vieux pere Silene
Dort & semble exhaler une vineuse haleine,
Le bonhomme en ronflant, tient encore embrassé
L'outre dont la liqueur enfin la terrassé.

Plus haut dans un long cours de vivantes peintures,
Se lifent d'Alaric les grandes avantures
Où deux peintres fameux, l'un Grec, l'autre Romain,
Monftrerent à l'envy l'adreffe de leur main :
Le tableau que d'abord regarda le faint Homme,
Affreux, reprefentoit l'embrafement de Rome ;
Ce fpeétacle odieux luy donne de l'horreur,
Des foldats animez l'implacable fureur,
Excite encor en luy de fenfibles alarmes,
Et fes yeux attendris en répandent des larmes.
Ce tableau, dit Euric, a fçû vous émouvoir,
Moy-mefme, fans fremir, je ne le fçaurois voir.
Trafimond qui fuivit dés fes tendres années,
Du fameux Alaric, les hautes deftinées,
Qui le prit pour modele, & qui dans les combats,
Toujours au premier rang le fervit de fon bras,
Quand il vit les deffeins de fa brillante hiftoire,
Vouloit en retrancher une aétion fi noire,
Qui, pleine de fureur & d'inhumanité,
Ternit de fon Heros la generofité.

Au pied du Capitole, où le feu qui s'augmente,
N'a pas encor porté fa flamme devorante,
C'eft luy que vous voyez, qui court, & de la main
Arrefte le flambeau d'un foldat inhumain,

F ij

Fierement empreſſé d'offrir en ſacrifice
A la rage des Gots , cet auguſte édifice.
Le fameux Pantheon, ce chef-d'œuvre achevé,
Fut encor par luy-meſme heureuſement ſauvé ;
Sans les ſoins diligens que le Prince ſçût prendre,
Le chef de l'Univers ne ſeroit plus que cendre,
Et du triſte debris de tant de monumens ,
A peine reſteroient les plus creux fondemens.
Sa bonté fut de tous en tous lieux applaudie,
Auſſi s'eſt-il fait peindre arreſtant l'incendie ,
Et non pas dans le temps qu'en valeureux guerrier,
Sur le haut des ramparts il monta le premier.
Ce fut en le ſuivant dans cette aſpre avanture,
Qu'au bras droit je reçûs une large bleſſure,
Qui m'empeſche en ce jour d'accompagner ſes pas,
Dans de plus innocens & moins rudes combats.

Dans le tableau qui ſuit , cette ville charmante,
Qui du prochain coſteau couvre la douce pente,
C'eſt Nole, que l'armée enceint de tous coſtez ,
Et qui tint un long-temps ſes efforts arreſtez ;
Sa plus grande défenſe eſtoit en un ſeul homme,
En ſon digne Paſteur (comme vous on le nomme)
Par tout on le trouvoit , qui de vœux , & de voix,
Animoit les ſoldats à de vaillans exploits ,

Qui de fes biens fans cesse, & de fon miniftere,
Leur départoit à tous le fecours falutaire :
C'eft un de ces heros faintement valeureux,
Intrepide, agiffant, bon, tendre, genereux,
De folide vertu, de fcience profonde,
Dont le Ciel quelquefois daigne éclairer le monde :
Tel à Milan prefide AMBROISE, dont l'ardeur
Sçait fi bien, des Autels, fouftenir la fplendeur;
Tel eft HIEROME encor, qui dans la Paleftine,
Meditant nuit & jour la parole divine,
Par fes doctes écrits, avec tant de clarté
En dévoile à nos yeux la fainte obfcurité :
Et tel eft AUGUSTIN, de qui la Terre entiere
Admire également l'ardeur & la lumiere.

   Quand Nole fuccomba fous l'effort du vainqueur,
Et d'un cruel pillage éprouva la rigueur,
On ne peut exprimer avec quelle conftance,
Des barbares foldats il fouffrit l'infolence,
Leurs gefnes, leurs tourmens, mais tourmens fuperflus,
Pour tirer de fes mains l'argent qu'il n'avoit plus,
Ses richeffes, dans terre en vain furent cherchées,
Au fein des indigens il les avoit cachées,
Ou pour mieux dire encor, fon zele ingenieux
Les avoit par leurs mains fait paffer dans les Cieux,

Où son dépost craint peu l'insolence guerriere.

    Dans ce temps d'un sallon la porte s'ouvre entiere,
Et le Prince paroist, qui seul, & degagé
Des flatteurs, dont n'aguere il estoit assiegé,
Dans ce sejour tranquille à pas lents se promene,
Et lassé de la Cour, semble reprendre haleine,
Il appelle P A U L I N : cet amas curieux,
Luy dit il, a t'il rien qui contente tes yeux,
Toy, qui né d'un climat, où tout est grand & rare,
Te trouves renfermé dans un pays barbare :
Avec tant de bon sens, P A U L I N luy répondit,
Parla si bien des arts dans le peu qu'il en dit,
Que le Prince, appuyé des soupçons de Gontaire,
Ne le regarda plus comme un homme vulgaire :
Mais pour n'en plus douter veut promptement sçavoir
Quels furent autrefois ses emplois, son pouvoir,
Sa fortune, ses biens. En vain pour s'en défendre,
Et se cacher toujours, P A U L I N luy fait entendre
Qu'il n'est qu'un malheureux, que pour ravoir son fils,
Une veuve affligée en ses mains a remis :
Le Prince impatient si vivement le presse,
Qu'interdit & confus, enfin il luy confesse
Sa naissance & son rang, exposant à ses yeux,
De ses jours fortunez le tissu glorieux,

Mais dont fa modeftie avoit foin de fouftraire
Tout ce que fa candeur luy permettoit de taire.

Cóme quand d'un lieu fombre où l'on s'eft arrefté,
L'œil paffe tout à coup à la vive clarté,
Il abbaiffe ébloüi, fa tremblante paupiere,
Et fe fent accablé du poids de la lumiere,
Tel le Prince furpris, qui dans l'humble PAULIN,
Sans relàche occupé des foins de fon jardin,
N'avoit veu jufqu'alors qu'un captif miferable,
Y découvre un Conful, un Prelat venerable,
Brillant de toutes parts des plus hautes vertus,
Dont les Saints les plus grands ont efté reveftus.
Frappé de tant d'éclat, il tremble, il s'humilie,
Et conjure PAULIN, que fa faute il oublie :
Pardonnez, luy dit-il, fi l'ayant ignoré,
Par moy voftre eftat faint s'eft vû deshonoré.

Quelques dogmes fubtils, ou l'ardeur d'un faux zele
Veut par autorité foumettre le fidelle,
Mais dont un grand Prelat * nous a defabufez,   * Ariust
En contraires partis nous tiennent divifez :
Mais du refte entre nous la creance eft la mefme,
Lavez également par les eaux du Baptefme,
Et formez de la main du mefme Createur,
Nous reconnoiffons tous le mefme Redempteur :

Quelque diverſité que l'erreur introduiſe,
Ceux que met le Sauveur pour regir ſon Egliſe,
Ses divins Lieutenans, ſes Miniſtres ſacrez,
Des plus profonds reſpects doivent eſtre honorez;
Ainſi, quoique m'excuſe une juſte ignorance,
Pour expier l'excez de mon irreverence,
Dont je crains que le Ciel ne ſe monſtre irrité;
Je vous remets, PAULIN, en pleine liberté,
Et ſi quelque autre grace eſt par vous demandée,
Elle ſera ſur l'heure à vos vœux accordée.
Parmi tant de treſors, dont l'éclat precieux,
Icy de toutes parts, étincelle à vos yeux,
Choiſiſſez & prenez. Voſtre munificence,
Digne de voſtre rang, & de voſtre puiſſance,
Surpaſſe trop, Seigneur, mon eſpoir & mes vœux;
Dit PAULIN s'inclinant, humble & reſpectueux,
Je ne veux que revoir l'Egliſe infortunée,
Qui de moy ſi long-temps ſe voit abandonnée:
Sans ce preſſant deſir, pour qui la liberté
M'eſt un don precieux, & que j'ay ſouhaité,
J'aurois trouvé ma joye, & borné mon envie
A paſſer dans vos fers le reſte de ma vie;
Mais ſi voſtre grand cœur veut me combler de biens,
Que cette liberté s'eſtende à tous les miens,

Et

Et que dans la patrie avec moy je remène
Ceux qu'arreste en ces lieux une chaifne inhumaine :
Ce font là les trefors qui me touchent le cœur,
Et dont le digne prix peut faire mon bonheur,
Voila tous mes fouhaits. Le Prince qui n'afpire
Qu'à prevenir P A U L I N dans tout ce qu'il defire,
Luy promet que les fiens dans l'Affrique épandus,
Libres dans peu de jours luy feront tous rendus,
Et que pour les conduire en leurs cheres contrées,
Des barques par fes foins leur feront preparées.

Pour avoir, dit P A U L I N, rompu tant de liens,
Veüille le Ciel fur vous repandre tous fes biens,
Veüille vous accorder noftre fouverain Maiftre,
Le plus grand de fes dons, celuy de le connaiftre,
Et de connoiftre encor l'injuftice & l'horreur
De l'outrage cruel que luy fait voftre erreur :
Helas, loin d'adorer fa grandeur ineffable,
Par une ingratitude à nulle autre femblable,
Faut-il le dépoüiller de fa divinité,
Luy qui s'eft reveflu de noftre humanité !
Non, le divin Sauveur en qui voftre ame efpere,
Eft homme comme nous, eft Dieu comme fon Pere,
Et pour s'eftre caché dans le fein maternel,
N'en eft pas moins le Verbe immuable, éternel.

G

Pour voir clair, dit le Prince, en ces hautes matieres,
Il faut que l'Esprit saint repande ses lumieres :
A ces mots il se leve, & leur donne congé ;
Le genereux Euric que le Prince a chargé
Du retour de P A U L I N dans sa chere patrie,
Soudain court y donner toute son industrie,
Et P A U L I N, que ravit l'excez de son bonheur,
Retourne en ses jardins y benir le Seigneur.

A peine, par dix fois, l'Aurore matinale
Avoit semé de fleurs la rive orientale,
Qu'à ses pieds l'homme saint voit de cent lieux divers,
Arriver des Captifs degagez de leurs fers,
Qui de leur liberté viennent luy rendre hommage,
Et reverer la main qui rompt leur esclavage ;
Il voit le cher Valere, & les deux Martians
Ses fidelles amis dés ses plus tendres ans,
Hypolite, Sulpice, & le jeune Severe,
Qu'il regarda toujours avec des yeux de pere,
Plus qu'eux-mesmes touché de leur propre bonheur,
Dont au seul Eternel il donne tout l'honneur :
Par tout dans ses jardins avec joye il les mene,
Et son zele agissant compte pour rien la peine
De parcourir des lieux mille fois visitez,
Et de leur en monstrer les diverses beautez ;

De deſſus la terraſſe à l'endroit où la veuë
Découvre de la mer la plus vaſte eſtenduë,
Il leur monſtre du doigt , leſtes & bien ornez ,
Pour les rendre chez eux , trois vaiſſeaux deſtinez
Où du prochain rivage on porte en diligence ,
De vivres & de bleds une riche abondance,
Ce ſpectacle agreable occupe plus leurs yeux
Que les endroits du parc les plus delicieux ;
Il les charme , & flattant leur douce reſverie ,
Les tranſporte d'avance au ſein de la patrie.

    Deux foix l'aſtre qui luit ſur un troſne d'argent ,
Avoit fini le tour de ſon cours diligent ,
Depuis que la nouvelle en tous lieux répanduë ,
Publioit aux captifs la liberté renduë :
P A U L I N qui prés de luy croit voir tous ceux des ſiens ,
Que retenoit l'Affrique en ſes triſtes liens ,
Et qui n'eſpere plus que le nombre en augmente ,
Avec joye avertit la troupe impatiente ,
Qu'enfin l'heure eſt venuë , & que pour le retour ,
Chacun ſe tienne preſt à la pointe du jour :
Au gré des voyageurs , l'aſtre de la lumiere
Ne fut jamais ſi long à fournir ſa carriere ,
Et les feux de la nuit , jamais ſi lentement ,
N'acheverent le tour du vaſte firmament.

Dés que les premiers feux de la naissante Aurore,
Sur le pasle horison commencerent d'éclorre ,
Tous du charmant sommeil meprisant les appas,
Vers les bords de la mer precipitent leurs pas ,
Les cris qu'en arrivant ils font sur le rivage ,
Et que l'Echo repete en son antre sauvage ,
Viennent frapper l'oreille & haster le réveil
Du Nocher estendu dans les bras du sommeil ;
Il se leve , & sa voix est à peine entenduë ,
Que , tous les trois vaisseaux ensemble elle remuë :
Les adroits Matelots à leurs postes placez ,
Dans leurs divers emplois travaillent empressez ,
Les uns sur le tillac par secousses soudaines ,
Le long des mats luisans , remontent les antennes ,
Où la voile attachée ensemble s'élevant ,
N'attend plus du Nocher que d'estre mise au vent :
D'autres pour arrester la fureur des orages ,
En cent lieux differens arrangent des cordages ,
D'autres pesant des bras sur de forts avirons ,
Frappent & font blanchir la mer aux environs.

    Dans ce temps , sur les bords de la haute terrasse,
Qui semble mepriser la mer qui la menace ,
Le Prince se fit voir , qui marchant lentement ,
Venoit avec sa Cour pour voir l'embarquement ;

A la gauche eſt Paulin qu'accompagnent Valere,
Sulpice, Martian, Hypolite & Severe,
D'autres captifs encor par le Prince connus,
Qui, pour prendre congé, prés de luy ſont venus;
Il leur témoigne à tous qu'il partage leur joye,
Et qu'il ſent le bonheur que le Ciel leur envoye,
Puis conjurant PAULIN de luy donner toujours
De ſes vœux toutpuiſſans l'invincible ſecours,
Il l'embraſſe, & le quitte abbatu de triſteſſe:
PAULIN verſe des pleurs penetré de tendreſſe,
Et dans ce meſme temps ayant jetté les yeux,
Pour la derniere fois ſur les aimables lieux,
Où furent par ſes ſoins tant de fleurs élevées,
D'arbres entretenus, de plantes cultivées,
Son cœur tout ſaint qu'il eſt ſe ſentit émouvoir
D'une tendre douleur de ne les plus revoir.

Les adieux achevez, ſur la greve ils deſcendent,
Et d'un pas diligent aux vaiſſeaux ils ſe rendent,
Où dés qu'ils ſont entrez, PAULIN fait avertir
Le plus vieux des Nochers qu'il eſt temps de partir.
Du rivage Affricain les trois navires ſortent,
Et pouſſez par les vents, qui legers les emportent,
Tracent de longs ſillons ſur la plaine des flots
Sans le triſte ſecours du bras des matelots:

Tels on voit du sommet des montagnes chênuës ,

S'élever dans les airs , & traverser les nuës

Les Faucons paffagers , qui laffez des frimats,

Vont placer leur demeure en de plus doux climats :

  La mer leur devient haute , & les terres laiffées ,

Sous l'horifon des eaux femblent s'eftre abbaiffées.

SAINT PAULIN.

P Ë M E.

CINQUIE'ME CHANT.

DAns l'un des deux vaiſſeaux où PAULIN n'étoit pas,
Qui voguent prés du ſien, & luy cedent le pas,
Deux vieillards étonnez, tous deux dans l'ignorance
De l'autheur de leur joye, & de leur délivrance,
S'interrogeoient l'un l'autre, & tâchoient de ſçavoir
A quel homme, à quel Ange, ils pouvoient la devoir;
Quel miracle étonnant, quelle force admirable
Avoit tiré des fers cette troupe innombrable.

Les vieillards en Afrique avoient déja paſſé,
Quand PAULIN pour Prelat à Nole fut placé,
Et de loin accourus au départ du navire,
De ce prodige encore ils n'avoient pû s'inſtruire,
Son plus fidelle ami, Valere qui toujours,
De ſes faits glorieux avoit ſuivi le cours,
Qui connoiſt ſes vertus, ſon illuſtre naiſſance,
Sa pieté profonde, & ſa rare ſcience,
Leur adreſſe ces mots : genereuſe eſt l'ardeur,
Qui vous fait rechercher voſtre liberateur,
Par un recit exact de ſon illuſtre vie,
Je m'offre à ſatisfaire une ſi juſte envie,
Où pourrions nous choiſir un entretien plus doux,
Pendant que les Autans nous remenent chez nous ?

Dans cette ville aimable, où la fiere Garonne,
En abordant la Mer de vaiſſeaux ſe couronne,
Sous les riches lambris d'un ſuperbe ſejour,
PAULIN vit en naiſſant la lumiere du jour.

La race des Paulins, race Patricienne,
Compte plus d'un Conſul dans ſa tige ancienne,
Et l'Univers entier ſe trouva glorieux
D'obeir à la voix de ſes premiers ayeux.
De biens & de treſors une richeſſe immenſe,
Répondit à l'éclat de ſa haute naiſſance,

Mais

Mais rien ne fut égal aux talens precieux,
Qu'en son ame heroique espancherent les Cieux.
Aufone ce grand homme, en qui le monde admire
Le comble du sçavoir & de l'art du bien dire,
Aprés l'avoir receu parmi ses nourrissons,
A peine l'eut instruit des premieres leçons,
Qu'il vit soudain briller son esprit encor tendre
De toutes les clartez qu'il vouloit y répandre.
Il le vit plus âgé charmer tout l'univers
Par d'éloquens discours & par d'aimables vers,
Où le genie & l'art sceurent si bien paraistre,
Qu'enfin dans son disciple il reconnut son maistre.
Le Barreau qu'il suivit, l'admira mille fois,
Il passa jeune encor, dans les premiers emplois,
Donna d'heureux succés aux affaires publiques,
Et fit l'étonnement des plus grands Politiques :
Avec l'âge receû dans le Corps du Senat,
Il en fut le soûtien, l'ornement & l'éclat.
Enfin, de ses ayeux suivant l'illustre trace
On le voit de Consul remplir l'auguste place,
Donner par tout des loix, & tenir en sa main
Le penible timon de l'Empire Romain.

   Une beauté charmante, entre mille choisie,
La gloire de nos jours, la sage Therasie

H

Riche en biens , en vertus , en nobleſſe , en honneur,
Par un illuſtre hymen acheva ſon bonheur.

Long-temps parmi leur joye à ſon comble arrivée,
De ſon fruit deſiré leur couche fut privée,
Mais Theraſie enfin devint mere d'un fils ,
Et P A U L I N vit alors tous ſes vœux accomplis :
Non point pour voir en luy l'heritier de ſa gloire ,
Qui , riche de ſes biens , conſerve ſa memoire ,
Et la faſſe paſſer à la poſterité ,
Malgré de tous les temps l'épaiſſe obſcurité.
Mais pour voir en ce fils naiſtre un autre luy-meſme,
Qui ſerve l'Eternel, qui l'adore , & qui l'aime ,
Qui , lorſque le trépas aura fermé ſes yeux ,
Louë encore icy bas le Monarque des Cieux ,
Et d'où puiſſe ſortir une feconde race ,
Qui juſqu'aux derniers jours le beniſſe en ſa place.

Le divin Redempteur, à qui l'homme eſt plus cher,
Que ne l'eſt à ſoy-meſme un homme tout de chair ,
Preparant à P A U L I N , par ſa grace adorable ,
Une poſterité plus ſainte & plus durable,
N'exauça pas ſes vœux , & permit que la Mort
De cet aimable enfant vint terminer le ſort.

Comme on voit une fleur , que la Bize a touchée
Sur ſa couche languir , & tomber deſſechée :

Tel mourut dans les bras des fideles Efpoux
De leur parfait amour le gage le plus doux,
Leur cœur fut ébranlé par cent vives alarmes ;
Mais ils virent le Ciel au travers de leurs larmes,
Et fceurent adorer, de Dieu feul occupez,
La paternelle main dont ils furent frappez.

    Efcoutons attentifs la voix qui nous appelle,
Dit PAULIN, regardant fa compagne fidelle,
Beniffons l'Eternel, qui de tout noftre cœur
Defire poffeder la tendreffe & l'ardeur,
Qui voulant que noftre ame à jamais dégagée
Des foins, où pour ce Fils elle fe fuft plongée,
Ne courre qu'à luy feul, fans chercher d'autres biens,
Luy-mefme par bonté vient rompre nos liens.
Il veut que delivrez de defirs & de craintes
Nous nous donnions entiers aux œuvres toutes faintes,
Qui feules peuvent plaire à fon amour jaloux ;
Et voila les enfans qu'il demande de nous.

    Son aimable moitié la fage Therafie,
Au milieu des douleurs dont fon ame eft faifie,
Sentit le mefme feu s'allumer dans fon fein,
Et d'une ardeur pareille embraffe fon deffein.
Leur amour deformais, qui du corps fe dégage,
N'allant plus qu'à l'efprit, le touche davantage,

                           H ij

Dégoufté des appas des terreftres beautez,
De liens plus étroits il joint leurs volontez ;
Et fon feu glorieux vainqueur de la Nature
Les brûle d'une flâme & plus vive & plus pure.
D e l'amour conjugal telle eft la fainteté,
Lorfqu'en des cœurs chreftiens devenu charité
Il reffemble à l'amour des amours le modelle,
Dont le Seigneur cherit fon Efpoufe fidelle.

Non loin des beaux jardins du fuperbe chafteau,
Où fi toft que ce fils fut mis dans le tombeau,
Ils allerent placer leur demeure paifible,
Se rencontre un vallon defert, trifte & terrible,
Cent rochers fourcilleux ; de fapins heriffez,
L'entourent jufqu'au bas, l'un fur l'autre entaffez ;
Les halliers efpineux tout accez en défendent,
Si ce n'eft aux torrens qui par bonds y defcendent,
Et dans l'humide fonds, fejour de la Terreur,
Regnent l'obfcurité, le filence & l'horreur.

Paulin, qui loin du bruit, du tumulte & du monde
Cherche à paffer fes jours dans une paix profonde,
Où libre de tous foins il livre tout fon cœur
A l'unique plaifir de fervir le Seigneur,
Eft charmé des appas de ce lieu folitaire,
Son œil, qui le contemple, a peine à s'en diftraire :

Et plus de peine encore endure ſon amour,

De n'y pas à l'inſtant eſtablir ſon ſejour.

Mais avant qu'en ces lieux content il puiſſe vivre,

Du fardeau de ſes biens il faut qu'il ſe délivre.

D'un zele genereux & ſaintement jaloux

La ſage Theraſie imite ſon Eſpoux;

Et le prix qui revient de leur riche heritage,

Entre les malheureux auſſi-toſt ſe partage.

Côme on voit dans un châp où des grains ſont épars,

Mille oyſeaux affamez fondre de toutes parts,

En manger goulument, puis dans les airs qu'ils fendent,

Emporter aux Petits, qui chez eux les attendent:

Tels par la Renommée ardemment excitez,

Les Pauvres vers PAULIN courent de tous coſtez.

A leurs divers beſoins ſon argent eſt en proye:

Tout treſſaille chez luy d'une commune joye,

Le paſle Famelique y voit des alimens,

Le Nud, pour ſe couvrir, y prend des veſtemens,

La Veuve & l'Orphelin que leur ſort deſeſpere,

Y retrouvent en luy leur eſpoux & leur pere:

Icy le Debiteur eſt dans l'aiſe plongé,

A l'aſpeƈt du fardeau dont il eſt déchargé:

Là tout le prix reçeu d'une douteuſe dette,

Charme du Creancier l'avarice inquiete;

Et chacun d'eux rempli d'allegreſſe & de biens,

Pour leur en faire part retourne chez les ſiens.

Dans ſon ame PAULIN tous ces plaiſirs raſſemble,

Et luy-ſeul en a plus qu'ils n'en ont tous enſemble.

Il ſçait que l'Eternel en l'élevant ſur eux,

A voulu qu'en ſa place il les rendit heureux ;

Et qu'en les ſoulageant du poids de leurs miſeres,

Il devint le Sauveur & le Dieu de ſes freres :

Noble employ, dont l'éclat ſurpaſſe mille fois

Cette auguſte ſplendeur, qui ceint le front des Rois.

Il ſçait quelle eſt ſa gloire, & comment ſe meſure

Des preſts faits au Seigneur la noble & ſainte uſure,

Il ſçait que tant de biens ſur le pauvre épandus,

Luy ſeront dans le Ciel au centuple rendus.

Libre du plus lourd poids de la grandeur mondaine,

Ils tendent au deſert d'une courſe ſoudaine,

Et là font à l'envy cent genereux efforts,

Pour amaſſer du Ciel les precieux treſors.

Ennemis des plaiſirs qui naiſſent de la Terre,

A leurs ſens pour jamais ils declarent la guerre,

Et par l'uſage exact de mille auſteritez,

Retiennent ſous le joug leurs deſirs arreſtez.

L'Archange tenebreux, qui ne peut voir ſans rage

L'homme fait de limon, que la grace encourage,

Ravir violament le royaume des Cieux,
D'où l'a precipité son orgüeil envieux,
De cent & cent façons attaque en sa retraite
L'heroique vertu du saint Anachorete.
Mais du noir seducteur tous les efforts sont vains,
Et nuls heureux succés ne suivent ses desseins.

    La femme, qui toûjours, pour perdre l'Innocence,
Fut de cet imposteur la plus forte puissance
Depuis que ses conseils ont dans l'obscurité
Plongé le premier homme & sa posterité,
Loin de prester secours à ce fier adversaire,
Est à tous ses desseins un obstacle contraire :
Et l'humble Therasie, à qui rien n'est plus doux,
Que de voir vers le Ciel marcher son cher Espoux,
L'anime, suit ses pas, & se monstre avec zele,
Son utile compagne & son ayde fidelle.

    La Cité qui couronne un sourcilleux rocher,
Aux regards des passans ne sçauroit se cacher ;
Telle fut de PAULIN la vertu consommée,
Qu'aussi-tost publia la prompte renommée,
Soigneuse d'amasser & d'espandre en tous lieux
De son zele estonnant les faits prodigieux.
Non loin de ce desert, la riche Barcelonne
Du nom de l'Homme saint de toutes parts resonne,

Et de ſes grands talens les habitans touchez
Se faſchent de les voir dans l'ombre ainſi cachez.

  La nuit ſainte , où l'Egliſe avec réjoüiſſance
Celebre du Sauveur l'adorable naiſſance,
Il entre dans le Temple humble & reſpectueux,
Pour y rendre en commun l'hommage de ſes vœux :
Et là dans la ferveur des prieres publiques,
Pouſſer ſon cœur au Ciel ſur l'aiſle des Cantiques.
Le peuple en le voyant s'émeut, & tranſporté
Par l'appas d'un deſſein à peine concerté,
L'environne , l'arreſte, au Prelat le preſente,
Qui ſe laiſſant flechir à leur ardeur preſſante,
L'éleve tout-à coup aux Ordres plus ſacrez ,
Sans luy donner le temps d'y monter par degrez.
Il fallut obeir , & meſme avec ſilence
Endurer du Paſteur la ſainte violence.

  Dés que du Sacerdoce il ſe vit reveſtu ,
Il rougit en ſecret de ſon peu de vertu,
Et regardant confus l'ineffable myſtere,
Qu'enferme la grandeur de ſon ſaint caractere,
Il retourne au deſert, & ne ſonge en ce lieu,
Qu'à ſe quitter ſoy-meſme, & qu'à s'unir à Dieu.
Mais du peuple indiſcret l'ardente multitude,
S'empreſſant pour le voir , trouble ſa ſolitude,

           Et

Et luy fait defirer d'abandonner ces lieux,
Que le monde & le bruit luy rendent odieux.

 Soit que dans le fommeil fon ame fuft plongée,
Soit qu'un extafe faint du corps l'eut dégagée,
Son œil vit ou crut voir dans un air lumineux,
Un homme s'avancer grave & majeftueux,
D'un cercle de rayons fa tefte environnée
De rofes & de lis paroiffoit couronnée :
Sa tunique eftoit blanche, & le vif incarnat
D'une efcharpe de pourpre en relevoit l'éclat.
A ces marques, P a u l i n n'eut pas peine à connaiftre
Le bienheureux Felix fon Patron, fon cher Maiftre,
Qui joignit dans les maux qu'on luy fit reffentir
Aux lis d'un Confeffeur les rofes d'un Martyr.
Ton ame, dit Felix, qui par trop nous oublie,
Trouvera fon repos au fein de l'Italie.
A ces mots, s'éloigna le Prelat glorieux,
Que P a u l i n ne vit plus, dés qu'il ouvrit les yeux.

 Inftruit par cet avis, il part & va fur l'heure
Prés du tombeau du Saint eftablir fa demeure.
Therafie avec joye accompagne fes pas,
Et le nouveau defert a pour luy mille appas.
P a u l i n fçait qu'à Felix font uniquement deuës
Les graces que le Ciel a fur luy répanduës ;

I

Que jeune il eut à peine imploré son secours,
Et fait vœu d'estre à luy le reste de ses jours,
Qu'il conceut le dessein de vivre Solitaire;
Qu'il courut se plonger dans l'onde salutaire;
Qu'il aima de la Croix l'amertume & le fiel,
Et marcha courageux dans les routes du Ciel,
Tant parmi les erreurs de ce monde perfide,
Il nous est important de nous choisir un guide,
Un maistre, un défenseur, qui de nostre heur jaloux,
Nous conduise, nous aide, & se charge de nous.

Aux pieds des murs de Nole une simple closture
De terre & de poteaux rangez à l'avanture,
Sous un rustique toit de joncs & de glayeux,
Enfermoit du Martyr le tombeau glorieux,
Et le flambeau du jour n'y trouvant point d'entrée,
Une lampe éclairoit la demeure sacrée.
PAULIN, qui voit la foule & l'éternel concours
Des Peuples, dont Felix est l'unique recours,
Soit qu'accablez de maux sans remede ils languissent,
Sois que sous les Demons tourmentez ils gemissent,
Qui par cette affluence a vû plus d'une fois,
Du Temple trop étroit s'écarter les parois.
Indigné, ne peut plus endurer son cher maistre
Sous un toit si serré, si pauvre & si champestre.

Des biens dans fa famille autrefois amaſſez,
Et que de pere en fils fes Ayeux ont laiſſez,
Il luy reſtoit encor, prés des murs de la Ville,
Dans le ſein d'une plaine abondante & fertile,
Une maiſon charmante, où dans ſes jeunes ans
Il gouſta la douceur de cent jeux innocens;
Il la vend, & du prix de ce riche heritage,
Les pauvres & F E L I X font entre eux le partage.

   Prés du Temple auſſi-toſt on voit de toutes parts
Fourmiller empreſſez mille ouvriers épars :
Sous leur travail s'éleve un dôme magnifique,
Qu'entoure, & que fouſtient un fuperbe portique
Dont le riche lambris de couleurs émaillé,
Eſt porté ſur le marbre en colonnes taillé;
Cent tableaux y font peints, où l'œil ravi contemple
Tout ce qui dans les Saints nous peut fervir d'exemple.

   Fidelle Gardien de ce facré fejour,
Il y confume en vœux & la nuit & le jour :
Et prés du faint tombeau, comme en un feur azile,
Il joüiroit encor d'un bonheur ſi tranquille;
Si, d'eſtre ſon Paſteur, Nole ne l'euſt forcé,
Et malgré ſes refus fur le Troſne placé :
Le Peuple tout-à-coup, & fans nulle intervalle,
S'aſſemble, le choifit, le proclame, & l'inſtale.

                     I ij

Tels les Francs belliqueux, lorſque ſur le pavois,
Au milieu de l'armée ils élevent leurs Rois.

D'une fievre en ce temps la flame meurtriere
De l'humble Theraſie acheva la carriere,
PAULIN ſon cher époux, qui conſtant & pieux
Par les yeux de la foy, la voit monter aux Cieux,
Et là, parmi la gloire où le Sauveur l'appelle,
Recevoir de ſes mains la couronne immortelle,
Bruſle de la rejoindre en cet heureux ſejour,
Et benit l'Eternel, plein de joye & d'amour,
Pendant qu'au fond du cœur l'indomptable Nature
Exhale malgré luy ſon innocent murmure,
Et ſous le rude aſſaut de cent vives douleurs,
Pouſſe de longs ſoupirs, & fait couler des pleurs.

De Nole, par ſes ſoins, l'Egliſe dirigée,
Dans peu de ſes défauts ſe trouva corrigée,
Et ſur l'heureux debris des vices abatus
S'éleva ſaintement le regne des vertus :
L'ardente charité de ſes mains ſecourables,
Diſſipa les ennuis de tous les miſerables,
Repara leurs malheurs, remplit tous leurs beſoins,
Et nos yeux mille fois en furent les témoins.

Racontons maintenant comme Nole aſſiegée,
Au fort de ſes douleurs par luy fut ſoulagée.

Difons avec quel zele il traverfa les mers,
Et courut de fon gré fe mettre dans les fers,
Pour n'avoir pû fouffrir les larmes d'une mere.

Mais déja le foleil, quittant noftre hemifphere,
S'eft caché fous les eaux de l'humide Element,
Et je voy s'allumer les feux du Firmament;
Sufpendons le recit de ces faintes merveilles,
Quand l'aube aura femé de fes rofes vermeilles
Le chemin lumineux du bel aftre du jour,
Nous dirons les excez de fon parfait amour.

Des mets que Trafimond plein de magnificence,
Dans le fein des vaiffeaux fit mettre en abondance,
On apporte auffi-toft un fomptueux repas,
Dont l'aife du retour redouble les appas :
Enfuite tous au Ciel adreffent leurs prieres,
Puis laiffent s'abaiffer leurs pefantes paupieres.

Seb. le Clere f.

SAINT PAULIN.

POËME.

SIXIE'ME CHANT.

PEndant que par tout regne un sommeil gracieux,
Qui mesme de P A U L I N a sçu fermer les yeux,
Et que sur les vaisseaux voguans à pleines voiles
Les Nochers veillent seuls avecque les Estoilles;
Du bonheur des humains l'implacable ennemi,
Qui, pour nuire ou tromper, n'est jamais endormi,
Pressé par les transports, dont l'agite sa rage,
De ces heureux vaisseaux medite le naufrage.

Au milieu des enfers à l'endroit le plus creux,
Eſt un antre ſecret, profond & tenebreux,
Où la haine, l'envie, & la laſche impoſture,
Couvent leurs noirs deſſeins ſous une nuit obſcure,
Où l'Archange orgüeilleux & ſes cruels ſuppoſts
S'aſſemblent pour former leurs funeſtes complots.
Ce fut là que Sathan, d'une voix effroyable
Appella, des Demons, la troupe impitoyable.
Chacun d'eux s'y rendit, impatient d'oüir
De quel mal, de quel crime, il ſe doit réjoüir.
Il les voit venir tous ſous des formes hideuſes,
Mais toutes à l'envy diverſement affreuſes :
Son œil y prend plaiſir, & s'en trouve charmé,
Autant qu'il croit que l'homme en ſeroit alarmé.

Tels quand l'humide nuit eſtend ſes voiles ſombres,
Et maiſtreſſe du Ciel, le couvre de ſes ombres,
On voit parfois paraiſtre, & ſortir de leurs trous
Les venimeux Serpens & les ſales Hybous.
Dés que ces noirs eſprits ſe faiſant violence,
Pour eſcouter leur Maiſtre eurent preſté ſilence :
Et mis fin pour un temps à leurs bruïans propos,
Sathan plein de fureur leur adreſſe ces mots :
Et quoy ſouffrirons-nous ennemis que nous ſommes,
Ennemis à jamais de la race des hommes,

Qu'un malheureux efclave efchappant aux liens,
Qui le tenoient chez nous, retourne chez les fiens;
Que comblé d'un bonheur folide & veritable,
Il aille y reftablir le culte infupportable
Du Monarque cruël, qui nous charge de fers,
Et qui nous a plongez dans le fonds des enfers.
A Nole fon berçail pendant fa longue abfence,
Nous avons introduit le luxe & la licence;
Par nous, dans mille cœurs, le poifon du plaifir
A, des biens éternels, étouffé le defir;
Et l'ufage importun du jeûne & des cilices
A fait place aux douceurs des plus molles delices.
Tant de travaux heureux, tous fi bien commencez,
Dans peu, par fon retour vont eftre renverfez:
Prevenons ce malheur, & fongeons que fa vie
Par un naufrage aifé luy peut eftre ravie.

Auffi-toft les Demons, à qui par les enfers
Le pouvoir eft donné de nuire fur les mers,
Volent de toutes parts, pour tirer de la terre
Les épaiffes vapeurs qui forment le tonnerre,
Et ranger dans la nuë, ainfi que bataillons
Les foudres, les éclairs, & les noirs tourbillons.

Du haut du Firmament le grand Aftre du monde
Se regardoit à plomb dans le milieu de l'onde;

Lors

Lors qu'un nuage épais tout à-coup le cachant,
Obfcurcit fes rayons de l'Aurore au Couchant.
Le Ciel trifte & couvert fe dérobe à la veuë,
La mer qui fe noircit, s'enfle, devient émuë,
Puis s'éleve irritée en montagnes de flots,
Dont l'immenfe hauteur tranfit les matelots:
Cent tonnerres affreux dans le nuage grondent,
Et de cent lieux divers les échos leur répondent ;
Par leurs éclats tranchans les mafts font emportez,
Les vaiffeaux entr'ouverts font eau de tous coftez,
Et les hommes tremblans, abatus, miferables,
Font retentir les airs de clameurs effroyables :
PAULIN, qui croit toucher aux portes du trépas,
Leve fes mains au Ciel, que fon œil ne voit pas:
Et mettant en fon Dieu fon efperance entiere,
Pouffe du fond du cœur cette ardente priere :

Seigneur, j'ay merité les traits de ton courroux,
Mais faudra-t-il, Seigneur, qu'il s'eftende fur tous,
Et que ceux que je mene, innocens de mes crimes,
En foient ainfi que moy les funeftes victimes :
Que fi nul d'entre nous ne merite pardon,
Regarde en nous, Seigneur, l'intereft de ton nom,
Que le fier ennemi, qui s'oppofe à ta gloire,
Ne fe puiffe vanter d'une indigne victoire ;

                                        K

D'avoir donné la mort en bravant ton pouvoir,
A ceux qui sur toy-seul ont fondé leur espoir,
Souffre que tes enfans, dont le zele t'adore
Aux pieds de tes Autels te reverent encore ;
Et que par ton secours dans le port arrivez,
Ils benissent la main qui les aura sauvez.

Au milieu des splendeurs de la gloire immortelle,
L'Eternel attentif à la voix qui l'appelle,
Jette sur l'onde émuë un regard de ses yeux ,
Et commande aussi-tost aux Ministres des Cieux,
De chasser loin des siens la mort qui les menace,
Et de rendre à la mer sa premiere bonace.
Les Demons effrayez de voir fondre sur eux
Des celestes Guerriers l'escadron lumineux ,
Heurlent de desespoir , & forcenez de rage,
S'enfoncent dans le sein du plus sombre nuage,
Et se sauvant soudain dans leurs antres fumans ,
Emportent avec eux les foudres & les vents.

L'Astre du jour plus vif aprés ce triste orage,
Dore tous les objets que son œil envisage.
La mer, qui s'apaisant, commence à s'aplanir,
Semble de son couroux ne se plus souvenir :
Et l'air n'est plus émû que d'un foible Zephire,
Qui pousse en se joüant la pouppe du Navire.

PAULIN, joyeux de voir cette tranquillité,
Rendoit graces au Ciel du naufrage évité,
Lors qu'au bruit qu'il entend, ayant tourné la teste,
Il voit un triste effet des coups de la tempeste,
Un vaisseau, qui couvert de tous ses matelots
A genoux & crians, s'abismoit dans les flots.
Pour eux, en mesme temps, sa priere fervente
Implore du Seigneur la main toute-puissante.
Aussi-tost le vaisseau cesse de s'enfoncer,
Et la Mer s'estonnant de se voir repousser,
Leur donne le loisir sur le point de leur perte,
De rejoindre les flancs de leur barque entr'ouverte,
Par où, malgré leurs vœux, & tout leur vain effort
Avec l'onde bruïante alloit entrer la mort.
Tous pour vuider les eaux ont la main à l'ouvrage,
Et de la mer enfin la barque se dégage.
Quand, du bord de PAULIN, elle fut assez prés,
Pour d'un visage amy reconnaistre les traits :
PAULIN remarque Euric, & son ame est ravie,
Que, par luy, le Seigneur ait conservé sa vie :
Il en benit le Ciel, Euric de son costé
Mille fois plus encor est d'aise transporté,
De rencontrer PAULIN l'objet de son voyage,
Et d'avoir par ses vœux évité le naufrage.

Comment, de tant de biens que nous tenons de vous,
Dit Euric à P A U L I N , nous acquitterons. nous :
Si je dois à vos vœux le jour que je respire,
Mon maistre à vos conseils doit un puissant empire,
Il le doit, mais helas il vous doit plus encor,
Et par vous il possede un bien plus grand tresor :
Puisque par vous, Seigneur, sa belle ame éclairée
Des erreurs d'Arius s'est enfin delivrée.
Ce discours vous surprend, mais souffrez qu'à loisir
Vostre cœur genereux savoure le plaisir
D'aprendre, du Seigneur, les bontez nompareilles,
Et ce qu'il a par vous operé de merveilles.

Aprés que vostre flotte, à l'aide des Autans,
En s'éloignant de nous eut vogué quelque temps.
Le Prince qui l'observe, & qui la suit de veuë,
Pour donner ce plaisir à sa tendresse émuë,
Rentra dans ses vergers, & là parmi les siens
Amusoit sa douleur de divers entretiens,
Lors qu'un jeune captif, courant en diligence
Vers luy, sans s'arrester à pas pressez s'avance,
Et luy dit que Gontaire avoit fini son sort,
Qu'au matin dans son lit on l'avoit trouvé mort.
Le Prince en mesme temps presse son équipage,
Et plus viste qu'un trait arrive dans Carthage,

Où le peuple incertain quel maiſtre il doit avoir,
Ne ſçait par quelle route entrer dans ſon devoir.
Suivi de ſes amis, & plein de confiance,
Sur le Troſne royal il va prendre ſeance:
Et là ſes fiers rivaux, de crainte retenus,
Et ſuivant vos avis, ſagement prevenus
Proſternez à ſes pieds viennent luy rendre hommage,
Et chacun par ſerment ſous ſon ſceptre s'engage.

A recevoir les vœux des nouveaux courtiſans,
Plus que jamais flatteurs, ſouples & complaiſans,
A remettre le calme en la ville eſtonnée,
A rendre grace au Ciel, s'employa la journée,
La nuit, lors que la Cour eut ſon Prince quitté;
Et que ſeul il me vit dans ſa chambre reſté:

Des amis, me dit-il, ami le plus fidelle,
Qui pour moy tant de fois as ſignalé ton zele;
Et de qui deſormais ma nouvelle grandeur
Ne ſçauroit augmenter la conſtance & l'ardeur,
Je veux te faire icy, connoiſſant ta prudence
Des ſecrets de mon cœur l'entiere confidence.

Lors que j'ay veu PAULIN s'éloigner de ces lieux,
La triſteſſe, ſans doute, a paru dans mes yeux:
Mais la vive douleur que mon ame a ſoufferte,
N'égalle point encor la grandeur de ma perte.

Le Sceptre glorieux que je porte aujourd'huy,
Eſt un preſent du Ciel, mais que je tiens de luy.
L'Homme ſaint que d'enhaut une lumiere éclaire,
M'avoit predit la mort du malheureux Gontaire,
M'ordonnant que ſoudain, & ſans eſtre ébranlé,
J'euſſe à monter au troſne, où j'eſtois appellé.
Un conſeil ſi prudent, une ſi ſage audace
M'ont contre mes rivaux aſſeuré cette place,
Où des droits quoique vains par le fer appuyez,
Pouvoient faire monter ceux qui ſont à mes pieds :
Mais d'un autre bienfait je luy ſuis redevable,
Aux troſnes les plus grands mille fois preferable ;
Il m'a, graces au Ciel, pleinement delivré,
Des damnables erreurs, dont j'eſtois enyvré,
Il frappa mon eſprit par ſes vives lumieres,
Il attendrit mon cœur par ſes ſaintes prieres,
Et le don de prevoir qu'il a receu des Cieux,
Par cet évenement m'a deſſillé les yeux.
Depuis j'ay mille fois au fond de ma penſée,
Deteſté devant Dieu la fureur inſenſée,
Qui refuſe au Sauveur d'une Vierge enfanté
Le titre glorieux de la Divinité.
Mais c'eſt peu qu'en mon cœur ſa grace ait la victoire,
Devant tout l'univers je luy veux rendre gloire.

Je veux , pleurant ma faute aux pieds de ſes Autels ,
Conſacrer à ſon nom des honneurs immortels ,
Et qu'en tous les eſtats où s'étend ma puiſſance ,
Le Peuple rende hommage à ſa divine eſſence :
Pour un tel changement, pour un ſi grand deſſein ,
Il faut que le Ciel m'aide , & me tende la main.
Ainſi donc , cher Euric , ſans tarder davantage ,
Va conjurer P A U L I N , d'achever ſon ouvrage ,
D'obtenir du Sauveur qu'il augmente ma foy ,
Et que les mouvemens qu'il a fait naiſtre en moy ,
Souſtenus du ſecours de ſa grace puiſſante ,
Par de dignes effets rempliſſent mon attente.

　　Gontaire, tu le ſçais par d'injuſtes efforts
Des Temples a cent fois enlevé les treſors ,
Que par toy promptement de cet amas immenſe
Des biens que moiſſonna ſon injuſte puiſſance ,
Pour les rendre au ſaint Hôme ils ſoient tous ſeparez ,
Porte luy , cher Euric, tous les vaſes ſacrez ,
Soit ceux où le Paſteur par ſa parole opere
De nos ſacrez Autels le terrible myſtere ,
Soit ceux où des Martyrs qui conquirent les Cieux,
Sont depoſez dans l'or les reſtes precieux.
Ces treſors en ſes mains au Ciel ont droit de plaire ,
Et ne peuvent chez nous qu'irriter ſa colere.

Dans le paiſible cours du reſte de la nuit,

Je m'apreſte, & je parts au premier jour qui luit,

Long-temps noſtre vaiſſeau d'une courſe ſoudaine

A des flots inconſtans fendu l'humide plaine :

Mais un cruel orage, où furent déchaiſnez

Les vents & les demons à l'envy mutinez,

Nous a mis tout à coup dans l'eſtat déplorable,

D'où nous a retirez voſtre main ſecourable.

Il finit, & PAULIN, en regardant les Cieux

D'un viſage riant, & les larmes aux yeux,

S'écria : Soit loüée, & ſans ceſſe benie

Du Seigneur pour les ſiens la tendreſſe infinie,

A qui rien ne reſiſte, & dont l'attrait vainqueur

Toûjours, quand il luy plaiſt, Le rend maiſtre d'un cœur.

Euric, que Traſimond ayt ſoin d'eſtre fidelle

Aux divins mouvemens, dont le preſſe ſon zele,

De moy, ſi l'Eternel daigne écouter mes vœux,

La Terre n'aura point de Prince plus heureux.

Recevez, dit Euric, les dons qu'il vous envoye,

Et ſouffrez qu'à l'inſtant j'aille combler ſa joye,

Par l'eſpoir du ſecours & des proſperitez,

Qu'attireront les vœux que vous luy promettez.

PAULIN humble reçoit les dépoüilles ſacrées,

Et lors qu'avec reſpect il les eut reverées :

Voila

Voila de riches dons, dit-il, mes chers enfans,
Il faut leur preparer les honneurs les plus grands,
Et qu'avec une pompe éclatante mais sainte
Nole les voye entrer dans son heureuse enceinte.
Lors regardant Euric, & trois fois l'embraffant,
Vous benisse à jamais le Seigneur tout-puissant,
Luy dit-il, & toujours abondamment difpense
A vos dignes travaux leur digne recompense.
Euric entre en sa barque, & ses noirs matelots
Vers leur païs natal soudain fendent les flots.

PAULIN, que ce départ penetre de tendresse,
Entend pousser aux siens de longs cris d'allegresse,
Et voit que le sujet de leur joyeux transport
Est que d'un œil distinct ils découvrent le port.
Montez sur le tillac tous repaissent leur veuë
D'une Terre pour eux de mille attraits pourveuë:
Et tous avidement y recherchent des yeux
Les endroits que leur cœur aime & connoist le mieux.

La Courriere aux cent voix, la prompte Renommée
Dans Nole avoit déja la nouvelle semée,
Que PAULIN par l'effet d'un miracle nouveau
Revenoit glorieux rejoindre son troupeau,
Ramenant avec luy tous ceux de la patrie,
Que retenoit des fers l'injuste barbarie,

L

Du sommet d'une tour, où l'œil de toutes parts
Sur le vague des mers peut porter ses regards,
On avoit découvert cette flote attenduë,
Et la joye en tous lieux s'en estoit répanduë.
Le Peuple court en foule ardemment enflamé,
De revoir dans ses murs son Prelat bien-aimé.
La porte est trop estroite, il n'y passe qu'à peine,
Puis libre, s'élargit, & s'épand dans la plaine,
Ainsi qu'ayant levé la bonde d'un estang,
L'eau qui sort à grands flots sur la plage s'étend.
Ils traversent les bois, les vallons, les montagnes,
Et du terroir Latin les fertiles campagnes,
Sans donner à leur marche un moment de repos;
Qu'arrivez en courant au rivage des flots,
Chacun n'ait découvert la flote desirée,
Sur les mouvans sillons de la plaine azurée.

Enfin les trois vaisseaux arrivent dans le port,
Et de leurs larges flancs en costoyent le bord,
La boüillante jeunesse à peine peut attendre,
Que la planche qu'on met, soit preste pour descendre;
Et sur ce foible pont, qui la voit se pressant,
Croit qu'au moins la moitié va tomber en passant.
Tous sortent des vaisseaux, & chacun sur la rive,
Trouve qui le reçoit au moment qu'il arrive,

On se cherche, on s'embrasse, & l'on voit en tous lieux
Une vive allegresse éclater dans les yeux.

Esprit saint, donne-moy qu'espris de cette flâme,
Dont alors de P A U L I N tu remplis la belle ame,
J'exprime ses transports de tendresse animez,
Lors qu'il pût embrasser ses enfans bien-aimez.
Si fervente n'est point la bonté maternelle,
Et jamais au Printemps la tendre Philomele,
Eschappée aux filets du perfide Oiseleur,
Avec tant de plaisir, avec tant de chaleur
N'a rejoint dans son nid sa famille qui crie
Sous les jeunes rameaux d'une espine fleurie.

Mes enfans, dit P A U L I N en élevant sa voix :
Benissons l'Eternel, benissons mille fois
Sa bonté, qui chez nous aujourd'huy nous rassemble;
Et pour luy rendre grace unissons-nous ensemble.
Sur le sable, à ces mots, il flechit les genoux,
Et l'exemple qu'il donne est imité de tous.
Seigneur, poursuivit il, toujours bon, toujours pere,
Soit que ton juste bras utilement severe,
De nos iniquitez corrige les excés,
Soit qu'il donne à nos vœux de fortunez succés;
A peine as-tu puni toutes nos injustices,
Digne de la rigueur des plus cruels supplices,

Par quelques maux legers pour ta gloire soufferts ,
Qu'il te plaift tout-à-coup de rompre tous nos fers,
Que pour tant de faveurs les hommes & les Anges
Te rendent à jamais d'immortelles loüanges :
Et fais que nous n'aimions à quitter nos liens
Que pour nous engager plus avant dans les tiens.

    A peine de P A U L I N la priere eft finie,
Qu'ils vont tous s'aprefter pour la ceremonie.
Les uns déja couverts de riches veftemens ,
Cherchent d'y joindre encor de nouveaux ornemens,
D'autres font occupez à tenir preparées
Des Martyrs du Seigneur les dépoüilles facrées :
D'autres parmy l'émail des prez & des jardins
Des plus riantes fleurs font d'innocens larcins :
Leur main en longs feftons, promptement les façonne,
En fait une guirlande , en forme une couronne ,
Dont l'aimable fraîcheur & le teint delicat
Se joignant au Triomphe en redouble l'éclat.
Le plaifir eft de voir çà delà difperfées
A parer leurs enfans les meres empreffées ,
Chacune avec ardeur defire que fon fils
Soit le plus beau de tous , & remporte le prix.
Leur poil blond vole épais par boucles ondoyantes ,
Et de mille clinquants leurs robbes font brillantes.

Autour de l'eftendart du Monarque des Cieux,
Que luy-mefme il a teint de fon fang precieux,
Pour marcher les premiers les enfans s'affemblerent ;
Parmi ce jeune effein des Anges fe meflerent,
Comme eux veftus de blanc, & de fleurs couronnez,
Mais qu'on entrevoyoit de gloire environnez.
De leurs chants immortels la douceur infinie
Enlevoit l'ame au Ciel par fa fainte harmonie,
Et rempliffant le cœur de tendreffe & d'amour,
Le combloit des plaifirs du celefte fejour.
Des efclaves rendus la troupe bazanée,
Suit & porte fes fers fans en eftre enchaînée,
Afin que du Seigneur qui les a delivrez,
Le Temple en ait fes murs à jamais honorez.
Plus ils font abatus, & plus fur leur vifage
Des maux qu'ils ont foufferts fe voit peinte l'image :
Plus ils touchent le cœur, plus ils charment les yeux,
Plus à l'humble Prelat il paroift glorieux,
De les avoir tirez de la main du Barbare,
Et dans cet appareil leur mifere les pare ;
Enfuite on voit venir de pur or entourez
Des Martyrs glorieux les offemens facrez,
Qui femblent en rentrant dans leur chere Patrie,
Des fiers Tyrans encor, braver la barbarie,

Et rendre avec plaifir , marchant au mefme rang ;

Le nombre des Captifs plus illuftre & plus grand.

Ceux de qui le Seigneur eft le riche partage,

Dont la fainte maifon eft l'unique heritage ,

Tous de fin lin couverts & d'ornemens pompeux

Une palme à la main , fuivent d'un pas nombreux ,

Et des tons mefurez d'un augufte cantique ,

Animent gravement leur marche magnifique.

De l'habit paftoral richement reveftu ,

Et plus brillant encor de fa propre vertu

P A U L I N qui fuit leurs pas d'une démarche lente ;

Ferme , majeftueux , la pompe triomphante,

Et loüant le Seigneur de tant de biens donnez ,

Benit en fon faint Nom les peuples profternez.

D'eftrangers accourus à ce fait memorable,

Se joint à ceux de Nole une foule innombrable,

Ils prennent les devants , & bordent les chemins ,

Ou montent pour mieux voir fur les arbres voifins.

Aprés avoir du port les arenes laiffées ,

Surmonté les cofteaux , les plaines traverfées,

Et de la ville entiere en prenant un long tour ,

Par l'éclat du Triomphe honoré le fejour ,

Ils arrivent au Temple , où les portes ouvertes ;

Et de feftons de fleurs nouvellement couvertes ,

Reçoivent dans l'enclos de leur fein fpacieux,
Des captifs delivrez le convoy glorieux;
De leurs vœux enflammez les voûtes retentiffent,
Et tous à haute voix le Seigneur ils beniffent,
Le Seigneur qui jamais n'abandonne les fiens;
Qui dans leurs plus grands maux les comble de fes biens,
Et du peu qu'on luy rend confervant la memoire,
Couvre un leger travail, d'un Ocean de gloire.

F I N.

COmme dans l'Epiſtre liminaire il eſt parlé de l'Epiſtre qui ſuit, & qu'elle a eſté en quelque façon la cauſe du Poëme de ſaint Paulin, on a cru que le Lecteur ſeroit bien-aiſe de la trouver icy.

EPISTRE
CHRESTIENNE,
SUR LA PENITENCE.

Dans le téps que la Mort fourde aux vœux que tu fis,
De ton fein, pour jamais, enleva ton cher fils ;
Ou lors que d'une main encore plus cruelle,
Elle vint t'arracher ta compagne fidelle,
N'eft il pas vray, Cleon, qu'au fort de ces malheurs,
Accablé fous le poids de tes vives douleurs,
Tu trouvas du relâche, & mefme quelques charmes
A gemir en fecret, à répandre des larmes ;
Mais fi par le pouvoir de ces pleurs répandus,
Ton Efpoufe ou ton fils t'avoient efté rendus,
De quels tranfports ton ame euft-elle efté ravie,
En leur voyant reprendre une nouvelle vie,
Et quel bien dans le monde aurois-tu preferé
Au bonheur eftonnant d'avoir ainfi pleuré ?

Telle & plus grande encore eft la joye incroyable
D'un pecheur penetré d'un regret veritable,
Quand il voit que les pleurs, qui partent de fon cœur,
Du Dieu qui le rappelle, ont flechi la rigueur,

M

Que son crime est remis ; & que la Penitence
A fait revivre en luy sa premiere innocence.

    Un homme tout de chair , esclave de ses sens,
Qui loin de resister à leurs charmes puissans,
Ne recherche en tous lieux à soy-mesme contraire,
Qu'à flatter leurs desirs, & qu'à les satisfaire,
Rira , je le confesse ; & sera rebuté
Du dehors surprenant de cette verité.
Soit que des vains honneurs l'aspre faim le devore,
Soit qu'il trouve dans l'or le Dieu seul qu'il adore,
Ou que prenant la loy de ses boüillans desirs,
Tout entier il se livre aux charmes des plaisirs,
Il n'est rien qui le trouble, il n'est rien qui l'offense,
Comme l'affreux dessein de faire penitence.
Si parfois escoutant les importuns propos ,
Dont sa raison tremblante interrompt son repos ;
Il repasse en son cœur cette dure maxime,
Qu'il faut ou reparer , ou voir punir son crime,
Qu'un seul choix reste à faire aux hommes criminels ;
Ou de la Penitence , ou des feux éternels.
Il ne peut se resoudre à quitter les delices ,
Moins encore à porter la croix & les cilices :
Il détourne sa veuë, & content de son sort,
Il poursuit le chemin qui le mene à la mort.

Il n'en eſt pas ainſi de celuy qui ſoûpire,
D'avoir trop à ſes ſens laiſſé prendre d'empire.
Quand la foy, qui le guide, a deſillé ſes yeux,
Le peché qu'il aimoit, luy devient odieux,
Et par elle éclairé d'une lumiere pure,
Il connoiſt de ſes ſens l'erreur & l'impoſture ;
Il connoiſt que les fruits de nos plus grands travaux,
Loin d'eſtre de vrais biens, ne ſont que de vrais maux.
Les honneurs dont ſon ame autrefois fut charmée,
Ne luy paroiſſent plus qu'une vaine fumée,
Dont la delicieuſe & maligne vapeur
Frappe les plus cenſez d'un vertige trompeur,
Il admire eſtonné le bizarre ſupplice
Des chagrins inquiets de la paſle avarice
Qui pleine de tous biens ne s'en peut aſſouvir,
Et les gardant toujours n'oſeroit s'en ſervir.
Ces ſpectacles oiſifs, où le cœur s'intereſſe,
Et ſe ſent penetrer d'une folle tendreſſe :
Les jeux, les paſſetemps, les ſomptueux repas,
Dont la douce muſique augmente les appas,
Où le vin dangereux tous ſes charmes déploye,
Et profane le cœur d'une indiſcrete joye ;
Tous ces amuſemens, dont il eſtoit épris,
N'excitent plus en luy qu'horreur ou que mépris.

M ij

Mais si la foy l'arrache aux indignes delices,
Que trouve le Pecheur dans la fange des vices:
Elle luy fait gouster des plaisirs innocens,
Que n'ont jamais connu ny la chair, ny les sens.
Les vertus qu'il trouvoit tristes, fieres, rebelles,
Luy paroissent alors si douces & si belles,
Que son cœur se confond voulant en faire choix,
Et met tout son bonheur à vivre sous leurs loix.
Il aime les attraits de la douce Esperance,
L'esprit toujours égal de la Perseverance:
Le beau feu que répand l'ardente Charité,
Le repos dont jouit la simple Humilité,
De la chaste Pudeur la timide innocence,
Mais il aime sur tout l'austere Penitence
Qui sous un heureux joug l'ayant humilié,
A son divin Sauveur l'a reconcilié.

Quand parmy les festins, les jeux, & la mollesse,
Et tous les vains plaisirs de la folle jeunesse,
Ce fils qui s'éloigna de son pere & des siens,
Eut prodigue & brutal dissipé tous ses biens,
Quand frappé vivement des traits de la misere,
Sous le Ciel rigoureux d'une terre estrangere,
Il se vit accablé d'un deluge de maux,
Jusqu'à porter envie aux plus vils animaux:

Cent fois le souvenir de l'heureuse abondance,
Qu'il avoit méprisée aux lieux de sa naissance,
Le perça de douleur, & luy fit ressentir
Tout ce qu'a de cruël un cuisant repentir.
Mais quel fut le transport de son ame ravie,
Qand son Pere touché des malheurs de sa vie,
D'aussi loin qu'il le voit vers luy tourne ses pas,
Le moüille de ses pleurs, l'estreint entre ses bras,
Et benissant le Ciel du fils qu'il luy renvoye,
Par de pompeux festins fait éclatter sa joye.

 Ainsi l'homme pecheur, dont le cœur n'est formé
De la main du Tres-haut que pour en estre aimé,
A l'aspect de son crime a d'abord l'ame atteinte
D'un trouble sans egal, d'une effroyable crainte,
Mais quand de toutes parts son esprit agité
De son divin Sauveur regarde la bonté,
Qui pour estre flechi ne veut d'autre victime,
Qu'un soupir de son cœur & l'aveu de son crime :
Quand il voit que les pleurs qui tombent de ses yeux
Ont effacé l'arrest qui le chassoit des Cieux :
Que d'esclave du vice & des anges rebelles
Destiné pour pasture aux flammes eternelles.
La grace le rend libre & le remet au rang
Des freres du Sauveur rachetez de son sang :

Que ce titre l'apelle au celeste heritage,
Et que la gloire enfin doit estre son partage :
Le plaisir où son cœur est alors abîmé,
Peut estre ressenti, mais non pas exprimé.

Qui ne sçait du Sauveur l'amour & la tendresse
Pour l'humble Penitente autrefois pecheresse.
Pour elle il retira par un divin effort
Le frere qu'elle aimoit des ombres de la mort.
Au jour de son triomphe elle fut la premiere
A qui ce cher Espoux couronné de lumiere,
Sortant de son tombeau se fit voir glorieux
En apareil de Maistre & de Victorieux ;
Cependant cet Espoux, lorsque l'heure est venuë,
Que montant dans les Cieux il se cache à sa veuë,
Pour marquer son amour, & pour l'en asseurer,
Ne luy laisse en partant que le don de pleurer.

La Sainte qui déja connoissoit tous les charmes
Que trouve un cœur contrit dans l'usage des larmes,
S'éloigne sans regret de la grande Cité
Et cherche avec ardeur un desert écarté,
Ou des autres plaisirs son ame detrompée ;
A gemir devant Dieu, soit sans cesse occupée
Ou d'un saint repentir les aimables douleurs
De ses yeux à jamais fassent couler des pleurs.

Prés des bords où jadis le Peuple de Phocée
Termina les erreurs de fa flotte laſſée,
Dans un vaſte deſert eſt un mont orgeüilleux ,
Heriſſé tout autour de rochers ſourcilleux;
Sur ce mont eſt un antre , où la nuit & les ombres,
Qui s'y cachent le jour dans ſes retraites ſombres
Au cœur le plus hardi donnent de la terreur,
Et ſaiſiſſent les ſens d'une ſecrete horreur:
Le ſilence qui regne en ce lieu ſolitaire ,
Forçant de toutes parts la Nature à ſe taire,
N'y ſouffre que la voix des fougueux Aquilons ,
Et le bruit des torrens tombant dans les vallons.
La caverne d'où l'eau goute à goute diſtille ,
Et n'humecte en tombant qu'une mouſſe ſterile,
Que jamais n'embellit le riche émail des fleurs ,
Semble , triſte qu'elle eſt , ne verſer que des pleurs.
Ce fut là qu'avec joye , & ceſſant d'eſtre errante,
S'arreſta pour jamais la ſainte Penitente,
Rendant graces au Ciel d'avoir pû rencontrer
Un lieu ſi ſolitaire & ſi propre à pleurer.
Soit que l'aſtre du jour , au moment qu'il s'éveille,
Répande ſur les mers ſa lumiere vermeille,
Soit que ſous l'horiſon il aille s'endormir,
Il ne la voit jamais que pleurer & gemir.

Là son ame en secret promenant ses pensées
Dans les sombres détours de ses erreurs passées :
Regarde avec horreur l'insolente fierté,
Que luy donna l'éclat de sa vaine beauté.
Quand elle se souvient que pleins de son image,
Mille cœurs insensez luy rendoient un hommage,
Qui sans fouler aux pieds les loix du Dieu jaloux
Ne sçauroit estre offert qu'à son divin Espoux ;
Que le sang qui rougit la cime du Calvaire
De ses déreglemens est la peine severe ;
Que Jesus a payé l'abus de ses appas ;
Et qu'enfin ses pechez ont causé son trépas.
Qui voudra se former une image fidelle
Des mortelles rigueurs qu'elle exerce sur elle !
Rigueurs toutes pourtant trop foibles à son gré,
Qu'il s'imagine un Peuple, à qui l'on a livré
De son Roy qu'il aimoit le traistre parricide,
Et qui suivant l'ardeur du courroux qui le guide,
Ne songe qu'à laisser aux siecles avenir
De sa juste vengeance un affreux souvenir :
De cent morts qu'à la fois sa fureur luy suggere,
La plus dure luy semble une peine legere,
Et la derniere horreur des plus cruels tourmens
N'égalle point l'excés de ses ressentimens :

Mais

Mais plus à la douleur la Sainte s'abandonne,
Plus le plaisir est grand, que sa douleur luy donne:
Son ame s'applaudit de vanger son amant,
De luy monstrer par là son amour vehement,
Et de se conformer par d'extrêmes souffrances
A l'objet de ses vœux & de ses esperances:
Que si dans les transports de cette sainte ardeur,
Qui d'un feu devorant embrase tout son cœur,
L'image des bontez d'un Dieu si plein de charmes
A ses yeux languissans fait repandre des larmes,
Rien n'égale la joye & le soulagement,
Que son ame reçoit en cet heureux moment.

    Telle une douce pluye ardemment desirée
Mouïlle le sein poudreux de la Terre alterée,
Lorsqu'un chaud violent dans les jours les plus longs
Blanchit l'herbe des prez & jaunit les sillons,
Tout semble en ce moment revivre en la Nature,
Les arbres dessechez reprennent leur verdure,
Les fleurs qu'avoient terni les brûlantes chaleurs
D'une fraîcheur nouvelle animent leurs couleurs,
Et l'on revoit briller sur leurs feüilles moüillées
L'émail, dont le Soleil les avoit dépoüillées.

    Dans ces temps fortunez, la bonté du Sauveur
A Pierre qui l'aimoit fit la mesme faveur:

                    N

Et l'ayant eſtabli le Prince des Apoſtres ,
Par les larmes encor , l'éleva ſur les autres.

    Dans la ſuite on a veu qu'en mille endroits divers
Des Penitens ſans nombre ont peuplé les deſerts ;
Que, charmez de leur ſort , les ſaints Anachoretes
Ont, aux riches Palais preferé leurs retraites ,
Où des attraits ſi grands ſçûrent les attacher ,
Que rien n'eût le pouvoir de les en arracher ;
Tant il eſt vray , Cleon , que leur auſtere vie
Loin de nous faire horreur devroit nous faire envie.

    Quels ſeront donc un jour ces torrens de plaiſirs
Dont là haut l'Eternel comblera nos deſirs,
Qui nous ſont preparez par ſa Toute-puiſſance ,
Et qui doivent répondre à ſa magnificence,
Si dans ces lieux d'exil, de triſteſſe & d'ennuy
Le plaiſir eſt ſi grand quand on pleure pour luy.

A U X
NOUVEAUX-CONVERTIS.

❦

O D E.

❦

ENFIN, de vos ames rebelles,
La Grace a defillé les yeux,
Et rejoints au corps des fidelles,
Vous rentrez au chemin des Cieux;
Beniſſez le Seigneur, beniſſez ſa clemence,
Et de voſtre bonheur immenſe,
Gouſtez les ſolides appas :
Mais n'oubliez jamais qu'aux routes ineffables
De ſes veritez adorables,
C'eſt à la ſeule Foy de conduire vos pas.

O

O D E.

En vain la Raiſon temeraire
S'efforce de les concevoir ,
Plus luit le flambeau qui l'éclaire ,
Plus il l'empeſche de les voir ;
Ainſi quand au matin le bel aftre du monde
Répand ſa lumiere feconde
Sur les bords du moite element ,
De rayons éclatans plus ſa teſte eſt parée ,
Au ſortir de l'onde azurée ,
Plus il cache à nos yeux les feux du firmament.

Pleine de l'orgueil que luy donne
Son avantage ſur les ſens ,
Sans reſerve elle s'abandonne
Où ſes eftorts font impuiſſans ;
C'eſt par cet attentat que toutes les chimeres
Qui deshonorent nos myſteres ,
Ont pris naiſſance dans ſon ſein ,
Et c'eſt du fond obſcur de ſes vaines penſées ,
Que de tant d'Erreurs infenſées ,
Par tout s'eft repandu le tenebreux eſſein.

Ce fut elle dont l'arrogance ;
Plutoſt que de s'humilier,
Nia que la divine Eſſence,
Avec l'homme puſt s'allier ;
Que pour ſouffrir la mort, l'Auteur de la Nature
Ait jamais d'une Creature,
Habité le ſein maternel ;
Et que ce Fils aimable en qui noſtre ame eſpère ;
L'image & la ſplendeur du Pere,
Comme luy, ſoit immenſe, immuable, éternel.

C'eſt avec cette audace injuſte
Qu'elle attaque encore en ce jour,
Des Myſteres le plus auguſte,
Et le chef-d'œuvre de l'amour.
Toujours injurieuſe à la Toute-puiſſance ;
Elle s'oppoſe à la preſence
D'un meſme corps en divers lieux,
Et ne peut conſentir qu'en ſon Corps veritable ;
Le Sauveur ſe donne à ſa Table,
Pendant que dans le ciel il regne glorieux.

ODE.

Le cœur percé , les yeux en larmes
D'avoir si longuement erré ,
Venez au festin plein de charmes
Que le Seigneur a preparé :
Luy-mefme il bannira vos doutes & vos craintes ,
Et rendant vos ames plus faintes ,
Il vous accordera fa paix ;
Il vous affranchira de toutes vos foiblesses ,
Et vous comblera d'allegresses
Que vos cœurs , loin de luy , ne connurent jamais.

❧❀❧

Du Seigneur , la simple figure
Vous a t'elle purifiez ?
Une si foible nourriture
Vous a t'elle fortifiez ;
D'une mortelle erreur dés l'enfance receuë ,
Voftre ame enyvrée & deceuë ,
Pût croire y trouver des appas ,
Elle pût impofer à fon defir avide ,
Mais non pas plus faine ou moins vuide ,
Sortir de ce trompeur & frivole repas.

Tel , quand d'une fievre enflammée
Les sens sont émûs & troublez ,
Et que la force est consumée
Par de longs accez redoublez ,
Le Malade affoibli , qu'une aspre faim tourmente ,
Des mets qu'un songe luy presente ,
Devore le fantôme vain ,
Et malgré le plaisir de son cœur qui sommeille ,
Se trouve , dés qu'il se reveille ,
Pressé des mesmes maux , & de la mesme faim.

Là le Seigneur se fait connaistre
Aux Disciples qui l'ont aimé ,
Et qui , de rejoindre leur Maistre ,
Se sentent le cœur enflammé :
C'est dans ce doux banquet , où nostre ame ravie
Reprend une nouvelle vie ,
Et met fin à tous ses regrets ;
Que du divin Sauveur la tendresse ineffable ,
Parmi les douceurs de sa table ,
Au sein de ses amis épanche ses secrets.

Il leur découvre de son ame ,

Tous les sentimens amoureux ,

Et quel est l'excez de sa flame

Pour le cher * Objet de ses vœux ;

Non content , leur dit-il , de luy laisser pour gage ,

Ou ma figure , ou mon image ,

Vain artifice de l'amour ,

J'ay sçû , pour satisfaire à mon ardeur extréme ,

Dans ses mains me laisser Moy-mesme ,

Avant que de monter au celeste sejour.

Mais qu'elle lumiere brillante

S'épand dans le vague des airs ,

Et quelle est la douceur charmante

De ces melodieux concerts ;

Au tour du Redempteur je voy les chœurs des Anges,

Qui font retentir ses loüanges

Par les plus sacrez de leurs chants ,

De sa fidelle Epouse , ils celebrent la gloire ,

Ee cette éclatante victoire ,

Qui dans son heureux sein ramene ses enfans.

Enfin le Dragon de l'abifme,
Difent-ils, eft remis aux fers,
L'Errreur confufe de fon crime,
Retombe aux plus creux des enfers ;
De tes temples, Seigneur, les Miniftres fidelles,
De cent couronnes immortelles,
Ont ceint leur front victorieux :
Beni foit à jamais le grand Dieu des armées,
Qu'à jamais nos voix enflamées
Rempliffent de fa gloire & la Terre & les Cieux.

Des fils de ton Epoufe aimable,
Le plus grand & le plus foumis,
Dont la valeur incomparable
A dcmté tous fes ennemis ;
Ce Roy qu'aux autres Roys tu donnes pour modelle,
Et que d'une main paternelle,
Tu combles d'honneurs immortels,
Avec tant de chaleur & tant de vigilance
N'employa jamais fa puiffance
Qu'à ramener les Tiens aux pieds de tes Autels.

De ce Monarque magnanime,

Beni les glorieux projets,

Et ce tendre amour qui l'anime

Pour le bonheur de ses sujets :

Voy tes nouveaux enfans, couvre les de ton aisle,

Conserve & rechauffe le zele

De leur naissante pieté,

Et fay que parmi nous, suivant tes saintes traces,

Un jour ils occupent les places,

Qu'accorde à leur retour ton immense Bonté.

F I N.

Fautes à corriger.

PReface, page 14. ligne 16. vrayes. Il, *lisez* vrayes, il.
Poeme, pag. 12. lig. 5. libre des fers, *lisez* libre de fers.
Pag. 35. lig. 5. puis plus fort, *lisez* puis plus forte. Pag. 49.
lig. 21. vostre ame, *lisez* nostre ame. Pag. 54. lig. 1. s'elever,
lisez s'élancer. Pag. 61. lig. 12. emporter, *lisez* en porter. Pag.
65. lig. 22. a pour luy, *lisez* a pour eux. Pag 83. lig 23.
vole espais, *lisez* vole espars. Pag. 91. lig. 12. ceniez, *lisez*
sensez.